成长型企业销售部实战全指导

杜忠 ◎ 著

ZHEJIANG UNIVERSITY PRESS
浙江大学出版社
·杭州·

图书在版编目（CIP）数据

成长型企业销售部实战全指导 / 杜忠著. -- 杭州：浙江大学出版社，2023.8
　　ISBN 978-7-308-23908-0

　　Ⅰ．①成… Ⅱ．①杜… Ⅲ．①企业管理－销售管理 Ⅳ．①F274

中国国家版本馆CIP数据核字(2023)第105313号

成长型企业销售部实战全指导
杜　忠　著

策　　　划	杭州蓝狮子文化创意股份有限公司
责任编辑	黄兆宁
责任校对	陈　欣
封面设计	张志凯
出版发行	浙江大学出版社
	（杭州市天目山路148号　邮政编码　310007）
	（网址：http：//www.zjupress.com）
排　　版	杭州林智广告有限公司
印　　刷	杭州钱江彩色印务有限公司
开　　本	710mm×1000mm　1/16
印　　张	19.25
字　　数	217千
版 印 次	2023年8月第1版　2023年8月第1次印刷
书　　号	ISBN 978-7-308-23908-0
定　　价	69.00元

版权所有　侵权必究　　印装差错　负责调换

浙江大学出版社市场运营中心联系方式：0571-88925591；http：//zjdxcbs.tmall.com

谨以此书献给

每一位信仰价值、砥砺前行的B2B工业企业家和优秀营销人！

序 一

FOREWORD

B2B 工业企业销售的最高境界

销售有四个层次：第一层，也就是最低的层次，是乞求式销售，即靠着拉关系讨好客户，以换取订单。为了完成销售任务，只能求客户，这是一种很悲哀的销售模式。销售的第二个层次是交易式销售，即买卖双方不靠关系，而是愿买愿卖。这种交易往往都是一锤子买卖，双方之间没有建立持久的关系。销售的第三个层次是顾问式销售，这是 B2B 工业企业的销售人员必须达到的境界。销售的最高层次是战略式销售，是在顾问式销售的

成长型企业销售部实战全指导

基础上触达的最高境界。

  对于 B2B 工业企业来说，不管是其原材料、设备，还是技术服务等，往往都比较复杂，或者有一定的技术含量。而客户并不是熟悉 B2B 工业企业产品专业知识的行家，他们对 B2B 工业企业的了解是有限的，这就需要 B2B 工业企业的销售人员给客户出谋划策，协助客户做出理性的选择。要想做到顾问式销售这个层次，B2B 工业企业销售人员就要熟悉行业、掌握技术、精通产品、善于沟通，成为能够受到客户尊敬的专业人士。

  唯有贴近客户、理解客户，并基于利他的理念，真心帮助客户解决实实在在的问题，才能成为客户心目中合格的顾问。要知道，客户需要的是找到优秀的 B2B 工业企业来提升自己产品或服务的竞争力，所以，对于 B2B 工业企业销售人员来说，客户是与自己地位平等的合作伙伴，而不是上帝。B2B 工业企业与客户之间应该是平等相待的朋友关系，这样才能通过长期的友好合作相互成就。

  杜忠的这本新书，给出了 B2B 工业企业走向顾问式销售的具体的、可落地的路径和方法，非常适用于实战。而且对于从事 B2B 工业企业销售的人员来说，无疑也是一本实用性很强的工具书，相信对大家会有所帮助。

北京洋为中用管理咨询有限公司创始人
高建华

序 二

FOREWORD

顾问式销售的本质就是从"有求于人"转向"有助于人"

2006年,缝纫机行业排名第一的上市公司西安标准工业股份有限公司年销售额12亿元,排名第二的上市公司浙江中捷缝纫机科技有限公司年销售额10亿元,浙江杰克科技股份有限公司(以下简称杰克缝纫机)年销售额4亿元,排名第三。当时,杰克缝纫机的领导找到我们,说想将自己的公司打造成"缝纫机行业的华为"。通过市场调研,我们发现现在使用缝纫机的家庭已经非常少了，缝纫机的用户主要是服装制造工厂，例如制作衬衫、西服、牛仔服的厂家，缝纫机行业已基本变为 B2B 行业。当时，杰克缝纫机采取的还是比较传统的"王婆卖瓜，自卖自夸"式销售：销售人员一到客户那里就开始说自己的产品有多么好——功能好，性能先进，与日本品牌重机、兄弟、飞马等，以及国内的头部企业比较，性价比非常高。但是，杰克缝纫机的销量还是排在第三位，与第一位的企业业绩相距甚远，且销售额增长缓慢，客户不太看好它。

后来，我们静下心来研究，发现 B2B 工业企业的销售与快消品销售有着本质的不同。首先，B2B 工业企业的销售是大客户销售，即组织间销售。也就是说，销售方是厂家，客户方也是厂家，双方都是组织，而不是个人。因此，B2B 工业企业销售的本质是决策链营销，即任何一个客户的采购都会涉及决策链条，涉及决策者、采购者、把关者、使用者、影响者，要想把产品卖出去，就必须把整个决策链打通、"搞定"，而只"搞定"一两个部门往往很难成交。其次，因为客户基本都是理性采购，或者专家采购，所以他们常常比 B2B 工业企业的销售人员更专业。最后，B2B 工业企业的销售还是解决方案的营销，其卖出的不仅仅是一件产品，还是一份解决方案。什么是解决方案？解决方案就是可以帮助客户创造价值，帮助客户省心、省事、省力、省工、省时、省钱，提升合格率、效率，降低不合格率等方面的方法。

找到了 B2B 工业企业销售的本质，也就找到了 B2B 工业企业销售的模式与方法。我们把杰克缝纫机的销售模式从"王婆卖瓜，自卖自夸"的模式转向了顾问式销售，把销售人员的身份从推销员转为客户身边的顾问，

序 二

实现售前、售中及售后服务三位一体。

售前服务，即做缝制系统方案的顾问：指导客户进行整厂规划方案设计，如车间设计、生产线设计、服装工艺流程的设计、定制服务，帮助客户选型，选型的同时把自己的产品如包缝机、平缝机、绷缝机、特种机等产品设计进去。

售中服务，即做客户缝制设备配置的顾问：为客户进行现场安装、现场调试，解决现场的问题。

售后服务，即做客户缝制设备管理的顾问：为客户进行技术培训、驻厂维修、设备更新、增值服务等。

2017年1月19日，杰克缝纫机成功上市，股票代码为603337。2018年，杰克缝纫机年销售额为48亿元。2021年，杰克缝纫机年销售额过60亿元，在中国本土市场的占有率达30%以上，在全球市场的占有率超过10%，连续10年成为全球销量第一的品牌，超过了日本重机、兄弟、飞马等知名品牌，更是把本土其他品牌远远甩在后面，成了"中国智造2025"的一面旗帜！

为了更好地理解顾问式销售，我们不妨再看一个在生活中很熟悉的案例。

一天下午，一对中年夫妇来到了依波表武汉分公司专销员小周负责的柜台前。"欢迎光临依波专柜，两位想看看什么类型的表？我可以帮您介绍一下。"小周上前热情地招呼道。

"我们想给年纪大的人买一块表。"两位边看边回答。

"您是送给父亲吗？"

夫妇点点头。

小周快速地拿出新款 147 系列，这时女士的目光停留在一款灰色底盘的表上，小周看出她比较满意这款手表表面的颜色，而且她对小周所介绍的手表的款式也很中意。于是小周进一步问她："您知道，上了年纪的人眼睛可能不太好，不知道您父亲的视力怎么样？"小周停顿了一下继续说："如果老人的眼神不错，那么灰色是不错的选择，因为这种色泽会给人一种有深度、有品位的感觉。不过，一般上了年纪的人如果视力不太好，多半会选择白色的表盘，看起来不会太费力，您认为呢？"

短暂的沉默后，女士犹豫着说道："我也不知道选哪种颜色了，两种都不错。"

"没关系，我推荐您送相对保守的一款——白色底盘的，这样看起来清晰明快、一目了然，老人喜欢的可能性也大一些。如果老人不喜欢，那再来换颜色也不迟，您说行吗？"小周说道。

"好，就听你的推荐，白色越看越耐看，我想这个颜色挺适合他的。"女士说道。

2002 年，依波表的销量在行业排名第十，通过导入全面的顾问式销售模式后，2004 年依波表就成为全国销量排名第二的手表品牌，而且销量还在持续高速增长！

传统"求人式"的销售太难了，因为市场上的产品同质化严重，各行各业产能严重过剩，也就是我们现在说的红海、行业内卷。但是，成功一定有方法，那就是助人！顾问式销售的本质就是助人，就是为客户创造价值，把握客户的痛点和需求，并一一满足。顾问式销售的本质就是通过做客户的"顾问"，提供比竞争对手更有针对性的、差异化的方案，为客户省心、

序 二

省事、省力、省工、省时、省钱，提升合格率，降低不合格率等，从而为客户提供更高的价值。顾问式销售遵循的就是"利他"原则。

再说到杜忠老师，我在很多微信群里都能看到他的身影，我经常关注杜忠老师的朋友圈，还在网上拜读了杜忠老师的很多文章，也学习了杜忠老师《工业品市场部实战全指导》等著作。我们偶尔也通话交流，一起探讨与B2B工业企业营销相关的话题。中国乃至全世界快消品的营销专家有很多，但是，我认为专注于B2B工业企业销售的专家并不多，能够与时俱进、致力于研究B2B工业企业销售的专家就更少了，因此杜忠老师令我尊敬。杜忠老师20年来长期专注于B2B工业企业销售的专题研究、咨询与培训，而且，他长期服务于众多有影响力的企业，这种长期专注的精神，值得我们学习。这本书值得一读。让我们一起领会B2B工业企业顾问式销售的精髓！

深圳市南方略营销管理咨询有限公司创始人
刘祖轲

自 序

FOREWORD

工业企业品牌营销之美,在于相濡以沫

有一次,和一位在工业企业品牌营销领域非常资深的前辈一起出差,前辈语重心长地说:"干这行很累啊,有机会还是到企业去吧,做事轻松,收入也不低。"我点头认可,但还是开玩笑似的告诉他:"我当初完全是自己主动跳进这个坑的,只是因为喜欢。"

这是真心话。

我喜欢的不是管理咨询和培训,而是工业企业品牌营销。

我大学本科学的是机械设计与制造专业。这不是我

成长型企业销售部实战全指导

的主动选择，而是被生活所迫，但在学习机械制图、机械设计、工业设计的过程中，以及在中国核工业集团理化工程研究院的工作过程中，我不断把所学用于实践，越来越感受到工业之美。

直到在负责西北大区销售工作的几年时间里，我彻底被客户点燃——

能被客户发自内心地信赖，能用自己精心构思的解决方案帮客户赚钱，能看着客户在几年间快速成长为行业的佼佼者，那种成就感，是一个工科男所有自信心的不竭之源。

哪怕为此曾从上午 9 点一路舟车劳顿不停歇，下车就维修设备，直到凌晨 3 点才"砸门"把东北小镇饭馆老板和老板娘从隆冬的热被窝里叫起来给我们做饭吃。

哪怕为此曾在漫天的红色枸杞粉尘里一心一意地调试"500 年来第一台用自动化替代人工"的色选机，而被染成了"小红人"。

只因为客户需要我们，只因为在客户眼里我们是专家，所以我们即使面对再大的问题，哪怕心急如焚，也要保持淡定——不能让客户再焦虑，增加不必要的心理负担，而其实我们的内心可能已经经历了七十二般变化。尽管如此，我们的内心也只有一个信念：尽快帮客户解决问题。

解决问题的必要条件，除了用心，真正急客户之所急，更重要的是专业——在 B2B 工业企业领域，通过商业变通去解决的是"面子"问题，通过技术实力去解决的是"里子"问题，只有表里相互依存，才能相得益彰。所以，要实现"尽快帮客户解决问题"的心愿，最好的路径就是工业企业品牌营销——以客户为中心，洞察需求，配置解决方案并持续优化。

在工业企业服务得越久，你就越能体察到客户更深层次的需求——客

自 序

户其实一直有一个期待埋在心底：能不能在你这位"专家"帮助下，让自己的产品具备遥遥领先对手的某些特性？当然，从企业经营层面来讲，就是帮助其打造某种核心竞争力，使企业在业界具有不可替代性。

答案是：能。

只要客户抱怨不止，你的市场就永远是蓝海。客户的抱怨会停止吗？不会。所以，这个市场一定有属于你的生存空间，只是你还没有界定出来。

从哪里界定？

通过品牌——品牌不是虚的，不是噱头，尤其是对工业企业品牌来说。它能帮助工业企业在客户心智中界定出一个不可替代的位置，反过来，它也能帮我们工业企业明确资源配置的方向，"力出一孔"，从而让企业成为某个细分市场的领头羊。

从通过工业产品和专业技术为客户的生产设备保驾护航，到通过工业企业品牌营销咨询和培训服务帮助客户提升企业经营和管理能力，日新月异的是服务客户的方法和内容，永恒不变的是以专业能力为工业企业提供降本增效价值的初心。

工业企业品牌营销之美，在于 B2B 工业企业与客户之间的相濡以沫。于我而言，最重要的是以 B2B 工业企业品牌营销之舟，徜徉于 B2B 工业企业营销的问题之海。每一朵浪花，都是生命的精彩。

是为序，与您共勉。

前　言

PREFACE

"销售是个专业活。"

尤其是在 B2B 工业企业销售领域，并不像很多人想象的那样——"会喝酒就能拿大单""能说会道才是好的销售人员""大客户销售就是搞关系"等等。

B2B 工业企业销售工作，更加理性和务实，更加讲究逻辑——客户之所以采购，一定是因为有实实在在的问题要解决，一定是因为有降本增效的空间存在，需要专业供应商能帮助他们洞察问题本质且提出最优解决方案。此时，价值沟通是桥梁，达到甚至超出客户期待去解决问题才是关键。

在一次次的合作中积累信任，在一次次的沟通中共创价值，让 B2B 工业企业与客户的关系由单次交易关系

成长型企业销售部实战全指导

逐步升级到长期合作关系，乃至战略合作伙伴关系，才是 B2B 工业企业销售人员能不断实现业绩可持续增长的必由之路。

因此，B2B 工业企业渴求专家顾问型的销售人员，真正有能力洞察客户需求、帮客户解决问题的销售人员，而不是"嘴尖皮厚腹中空"的"大忽悠"。

笔者在从事 B2B 工业企业一线营销工作的二十多年以及作为第三方咨询顾问、培训讲师服务众多企业的过程中，发现不断有销售人员和企业老板提出如下问题：

"杜老师，我工科毕业，技术出身，半路出家能做好 B2B 工业企业销售工作吗？"

"杜老师，我酒量不行，不会来事，能做好 B2B 工业企业销售工作吗？"

"杜老师，我性格比较内向，听人说做销售必须得性格外向，能说会道……"

"杜老师，狼性团队怎么打造？怎样才能让我的销售团队充满狼性？"

"杜老师，我们是央企（国企），机制不灵活，怎样才能更有市场竞争力？"

"杜老师，不瞒您说，我公司的销售人员是真不行，干了这么多年，手里的主要客户还都是公司给的，真正自己开发的新客户寥若晨星……"

"杜老师，好的销售人员太难招了。我也知道公司只靠一两个'个人英雄'销售人员风险很大，但怎样才能实现团队作战，打造一支能攻善守的'铁血军团'呢？"

"杜老师，现在销售团队的培养成本越来越高了，而且市场环境变化太快，以前传统的销售模式投入大，但产出越来越不明显，怎样才能借助

前言

新媒体实现全网营销，让销售效率更高呢？中小型 B2B 工业企业该如何用数字化营销为销售赋能呢？"

……

感谢吴晓波老师和中德制造业研修院，让我借录制"成长型企业顾问式销售七步法"课程的机会，顺利完成本书的撰写过程。本书力求从 B2B 工业企业销售实战和管理问题出发，帮助企业家、销售经理等销售管理者、一线销售人员优化营销思维，提炼实战方法和工具。

谋局篇第一章，从 B2B 工业企业销售部门实际工作中存在的十大共性问题入手，从优秀销售人员培养、技能提升、认知升级、销售体系建立、销售业绩增长策略、客户关系维护、销售过程管控及销售团队管理和激励等方面剖析了 B2B 工业企业销售部门工作的难点和应对思路。

谋局篇第二章，从细分市场地图和沙盘推演切入，创造性地提出了让 B2B 工业企业销售人员从市场全局的视角来做市场开拓的构想，而不是"只见树木，不见森林"，只顾低头拉车，忙于"跑客户"——在存量市场背景下，产品同质化无法避免，销售人员只盯着搞定人，就会让销售工作陷入"价格战""肉搏战"。只有站在市场运营的高度，深度洞察客户需求，整合公司内外部资源来为客户提供最优解决方案，才能形成各方共赢、共生共荣的局面，从而让销售业绩实现可持续增长。

方法篇从第三章到第九章，深入探讨顾问式销售七步法：（1）第一步，锁定客户；（2）第二步，建立信任；（3）第三步，洞察需求；（4）第四步，塑造价值；（5）第五步，处理异议；（6）第六步，签订合同；（7）第七步，升级关系。每一步都从一个实战场景引入，进行实战解析，并提炼和总结

成长型企业销售部实战全指导

工具表单，最后以实战典型案例来演练方法和工具表单，让读者可以直接"抄作业"，拿来即用。

运营篇从第十章到第十三章，将 B2B 工业企业销售部门日常运营和管理的要点为读者做了梳理和提炼。眼里有市场，手里有方法，优秀的 B2B 工业企业销售人员就成长起来了。假以时日，他们将成为销售团队的领导和管理者，此时，你就需要思考如何通过带领团队来开拓市场，而不是只凭借一腔孤勇，单打独斗——如何更加顺畅地与其他部门分工协作，如何更加科学地设定和分解销售目标，如何更加高效地让团队按流程作业，如何更加有效地对销售人员进行选用预留，激励他们奋发进取，帮助他们自我成长。

希望本书能成为 B2B 工业企业老板、营销高层、销售经理等销售管理者和一线销售人员的案头工具书。

本书是工业企业品牌营销三部曲的第三部——

2015 年出版的《工业品市场部实战全指导》已经成为工业市场人的从业秘籍。

2022 年出版的《成长型企业如何打造强势品牌》进一步从强势品牌打造的战略高度，俯瞰 B2B 工业企业市场营销工作，让营销人能有全局视野，促进营销协同。

本书的问世将补上工业企业品牌营销三部曲的最后一块拼图——期待它能成为 B2B 工业企业销售相关从业者人手一本的从业宝典。

营销是价值沟通，销售是营销之重器。

期待您手中的这本书能帮您打造一支能攻善守的"铁血军团"。

目 录

CONTENTS

谋局篇

直面十大难题和 B2B 工业企业市场布局 / 001

第一章　B2B 工业企业销售部十大共性难题　/ 005

问题一：优秀销售人员培养难，靠"经验"成功率低　/ 005

问题二：销售技能提升难，靠"培训"见效太慢　/ 007

问题三：销售认知升级难，靠"悟性"自己揣摩　/ 008

问题四：销售体系建立难，靠"英雄销售"支撑局面　/ 009

问题五：销售业绩增长难，靠"套路"搞定客户　/ 011

问题六：客户关系维护难，靠"吃喝"维护客情　/ 013

问题七：销售过程复盘难，靠"感觉"把握节奏　/ 014

问题八：销售经验积累难，靠"师徒"随性传承　　/ 015

问题九：销售团队管理难，靠"自觉"鸡飞狗跳　　/ 016

问题十：销售团队激励难，靠"提成"士气不足　　/ 017

◎ 本章小结　　/ 019

第二章　B2B 工业企业市场地图与沙盘推演　　/ 021

市场沙盘：不想当将军的士兵不是好士兵　　/ 023

营销协同：从单兵作战到协同作战　　/ 027

运筹帷幄：以社群思维做好辖区市场六大运营　　/ 034

沙漏模型：从素不相识到相互成就的伙伴关系　　/ 044

铁血军团：胸怀全局、勇往直前、能攻善守　　/ 046

科学销售：让销售业绩可持续增长成为必然　　/ 048

5 层分解：让小菜鸟也能跑完"国际马拉松"　　/ 051

◎ 本章小结　　/ 054

方法篇

能攻善守的顾问式销售七步法　　/ 055

第三章　第一步　精准识别、锁定客户　　/ 059

场景故事：小赵签单只是靠运气吗？　　/ 059

实战解析：销售业绩实现的"二八定律"　　/ 061

工具表单：B2B 工业企业精准客户画像表　　/ 062

典型案例：小王师傅带徒弟　　/ 066

深度应用：决策链需求画像　　/ 068

深度思考："缺订单"的病根　　　/ 070

5 层分解：任务清单和模板　　　/ 073

◎ 本章小结　　　/ 080

第四章　第二步 大巧若拙、建立信任　　　/ 081

场景故事：华北大区销售冠军老贾　　　/ 081

实战解析：快速赢得客户信任的 PCC 方法　　　/ 083

工具表单：快速赢得客户信任的 8 类工具　　　/ 085

典型案例：萧爱同煤集团项目　　　/ 088

深度应用：用微信建立信任　　　/ 090

深度思考：请客吃饭的根源　　　/ 093

5 层分解：任务清单和模板　　　/ 095

◎ 本章小结　　　/ 098

第五章　第三步 深度沟通、洞察需求　　　/ 100

场景故事：老太太买李子的故事　　　/ 101

实战解析：洞察客户需求的 SPIN 法　　　/ 102

工具表单：SPIN 顾问式销售话术　　　/ 105

典型案例：核工牌枸杞色选机 SPIN 法应用　　　/ 106

深度应用：有痛感才有需求　　　/ 109

深度沟通、洞察需求阶段的工作目标是什么？　　　/ 110

深度思考：需求六维度模型　　　/ 111

5 层分解：任务清单和模板　　　/ 114

◎ 本章小结　　　/ 117

第六章　第四步　对症下药、塑造价值　　／118

　　场景故事：电控柜生产厂老板岳总的烦恼　　／119

　　实战解析：高效塑造价值的 FABE 推销法　　／120

　　工具表单：FABE 顾问式销售话术提炼表　　／121

　　典型案例："独一无二"的输送带接头硫化机　　／122

　　深度应用：价值塑造三原则　　／125

　　5 层分解：任务清单和模板　　／126

　　◎本章小结　　／128

第七章　第五步　处理异议、促进成交　　／130

　　场景故事：客户说再不降价就别来了　　／130

　　实战解析：处理客户异议的五大基本原则　　／132

　　工具表单：8 类客户异议处理话术　　／136

　　典型案例：客户抱怨"控制室又不死人"　　／137

　　5 层分解：任务清单和模板　　／139

　　◎本章小结　　／140

第八章　第六步　商务洽谈、签订合同　　／142

　　场景故事：营销类 SaaS 公司黄经理成功签单　　／143

　　实战解析：B2B 工业企业销售工作中常见的 6 种促销策略　　／144

　　工具表单：6 种常见促单成交话术　　／149

　　典型案例：内蒙古葵仁色选机市场"以旧换新"策略　　／152

　　　　5层分解：任务清单和模板　　　／154

　　　　◎本章小结　　　／155

第九章　第七步 系统服务、升级关系　　／156

　　　　场景故事：T公司采购曹总的心理期待　／157

　　　　实战解析：B2B工业企业销售人员业绩倍增公式　／159

　　　　工具表单：B2B工业企业ABCD客户分级服务表　／161

　　　　典型案例：金太阳公司与L客户的相互成就之路　／162

　　　　深度应用：铸造业客情维护　／163

　　　　深度思考：渠道忠诚度提升　／165

　　　　5层分解：任务清单和模板　／168

　　　　◎本章小结　　　／172

运营篇

B2B工业企业销售部日常运营与管理　／175

第十章　销售部的职能与兄弟部门的协作　／177

　　　　建立以客户为中心的销售团队　／177

　　　　B2B工业企业销售部的基本职能　／179

　　　　B2B工业企业销售部与相关部门的协作　／181

　　　　B2B工业企业销售业绩提升的3种根本途径　／183

　　　　增强B2B工业企业销售力量的5种可能途径　／188

　　　　销售，是艺术还是科学？　／190

　　　　◎本章小结　　　／191

第十一章　业务线：销售目标分解与业务管控　/ 193

销售目标制定的六大作用　/ 195

B2B 工业企业销售目标七要素　/ 197

B2B 工业企业销售预测 6 种方法　/ 198

销售目标分解和计划制订　/ 199

销售业务过程管控的 2+3 张工具表　/ 202

B2B 工业企业销售人员不愿到一线去怎么办？　/ 206

大客户跟着骨干销售流失怎么办？　/ 209

◎ **本章小结**　/ 213

第十二章　组织线：销售经理职责与团队管控　/ 214

销售经理的 5 项基本职责　/ 214

从 top sales 到销售管理者的角色转变　/ 216

最受欢迎销售经理的八大特质　/ 219

工业企业销售组织 4 种常见模式　/ 220

B2B 工业企业销售部例会的 5 项常规内容　/ 225

B2B 工业企业销售部例会三段式　/ 227

B2B 工业企业销售团队的绩效评价与激励　/ 229

◎ **本章小结**　/ 233

第十三章　成长线：销售人员成长与队伍建设　/ 234

B2B 工业企业销售人员工作十大瓶颈　/ 235

B2B 工业企业销售人员的 5 项自我管理　/ 240

B2B 工业企业销售人员的招聘与选拔　/ 253

B2B 工业企业销售人员培训七大模块　　／260

销售人员培训的"六脉神剑"　　／263

B2B 工业企业销售人员培训三步法　　／266

花钱培训的员工，跳槽怎么办？　　／271

B2B 工业企业销售人员离职的六大原因剖析和应对策略　　／273

◎ **本章小结**　　／277

后　记　　／278

谋局篇

直面十大难题和B2B工业企业市场布局

"销售是龙头。"

这在众多B2B工业企业中几乎已经成为共识,但是,真的是这样吗?

从严格意义上来讲,并不是。销售不是龙头,营销才是。指挥枪杆子的才是,而枪杆子本身不是。

在C端快消品营销领域,这一点表现得尤为清楚:销售部门只是作战部队,仗要怎么打,要遵从营销战略的指挥。市场如何谋划和布局、未来要打出什么局面、取得什么样的成果,是由公司营销战略决定的,而不是销售部门自己边打边看的。

但是,为什么又有那么多B2B工业企业都不约而同地达成了这样的共识呢?笔者认为这与B2B工业企业所面对的市场环境和企业自身的发展阶段有关系。

中国经济正在由要素驱动、投资驱动转向创新驱动,在这一时代大背景下,大量B2B工业企业正在经历转型升级,从以前"以产品为中心"、靠机会和资源做生意赚钱发大财,转向"以客户为中心"、靠创新和奋斗做企业赚钱做事业。

做生意如果是有钱赚就干,没钱赚就算,那就像游牧人,哪里的水草肥美就到哪里去。做企业应该做到"心里有人"。企业因为这些"人"(或企业)的难处和痛苦起心动念,构成了初心;再靠自己的专业和努力去帮助这些"人"(或企业)解决问题或让他们变得更好,并将它作为使命——这就更像是庄稼人,用一生去守护这一方家园,心无旁骛。

改革开放40多年来,中国经济社会发生了翻天覆地的变化。这当然离不开一大批"靠机会和资源做生意赚钱发大财"的精明生意人,但更离不开大量"靠创新和奋斗做企业，赚钱成就事业"的优秀企业家。而当下，中国经济要从高速增长迈向高质量增长，尤其需要这些优秀的企业家。

只有越来越多优秀的企业家愿意沉下心来，"以客户为中心"研究市场的可持续发展，愿意秉持长期主义、做时间的朋友，愿意与客户发展战略合作伙伴关系，愿意培养团队、把骨干成员看成企业的财富，愿意善待供应商和合作伙伴，愿意推动行业发展和社会和谐，中国经济才会迈向高质量增长。

这个市场是他们策马扬鞭、实现自身价值的心灵疆域，那是他们值得用一生去守护的精神家园。

心里有客户，眼里有市场，才能做好营销工作，营销就是价值沟通。

销售只是价值沟通的一种方式。

在众多B2B工业企业里，因为转型升级正在进行（这可能是个漫长的渐变过程），更细致的营销职能分工尚未形成或者尚未达到理想状态（例如：很多市场部尚处在探索和尝试阶段，新媒体营销职能尚未普及，数字化营销实践尚在早期……），销售部就不得不承担很多市场部的职能，导致在很多B2B工业企业里，"销售"基本上也就成为整个营销工作的代名词。

因此，"销售是龙头"这个论断在当下大部分B2B工业企业里，是站得住脚的。

但存在未必就是合理的，未来的B2B工业企业必将走向"营销是龙头"的道路。因为一方面,随着外部市场的发展和B2B工业企业自身的不断成长，营销职能更加细分和专业是大势所趋，销售工作也会更加聚焦，B2B工业企业的营销人员不用事必躬亲，而是在市场分析、需求洞察、客户画像、精准获客、高效转化、客户复购及转介等工作中，更注重各职能协同作业，从单兵作战转向协同作战；另一方面，B2B工业企业中，"销售是龙头"的认知给销售部门带来了不能承受之重——不仅给销售团队的培养、技能提升、体系建设和团队管理带来了艰巨挑战，而且对销售人员的个人成长提出了极高的要求。

长远来看，站在B2B工业企业经营视角上，要实现销售业绩可持续增长，要"求之于势，不责于人"——通过营销系统的升级和改造来实现团队协同作战，降低对销售人员个人能力的要求，尤其是不能把公司业绩目标的实现，寄托在个别英雄销售人员身上。

短期来看，站在B2B工业企业销售经理视角上，"远水解不了近渴"，要确保公司年度销售业绩目标顺利达成，并实现销售业绩可持续增长，还是要靠自己不断升级市场认知，学会整合和调用公司内外部资源，提升销售和管理技能。

为此，在第一章，我们选择直面B2B工业企业销售部十大共性问题，从问题出发，来探讨解决之道。第二章，我们从市场布局的高度，引导销售经理们俯瞰辖区市场，真正跳出"跑客户"的打猎思维模式，以"市场运营"的种地思维模式来做好辖区销售工作。

第一章
B2B工业企业销售部十大共性难题

随着我国经济由高速增长转向高质量增长，经济发展由要素驱动、投资驱动转向创新驱动，B2B工业企业销售工作的内外部环境发生了巨大的变化——宏观经济环境不确定性增加：整体市场需求萎缩、供给不平衡、预期转弱；微观经营环境压力持续增大：环保停产限产、人力成本增加、客户需求升级、产品面临同质化竞争压力等。与此同时，移动互联网和数字化、元宇宙新技术浪潮席卷而来，B2B工业企业销售工作外部市场环境以及企业内部的管理机制都必然与以往大不相同，该如何洞察这些巨变给B2B工业企业销售工作带来的挑战和机遇？如何通过销售团队的认知升级、技能升级以及管理机制的升级来迎接这些挑战，抓住这些变化带来的新机遇呢？

我们从B2B工业企业销售部当前面临的十大共性难题入手，一起来探讨。

问题一：优秀销售人员培养难，靠"经验"成功率低

在某工业企业内训课上，有一位资深的销售经理S很认真地跟我讲：

"杜老师，虽然我干销售工作很多年了，但总觉得自己是半路出家，不是很专业。"

我为他的谦虚和真诚感动，便马上问他：那你觉得做B2B工业企业销售工作的，有谁不是"半路出家"呢？

他仔细想了一下说："想想还真是啊，起码我这么多年见过的行业内的销售人员几乎都是工科背景、技术出身的。"

其实据我这些年的观察，在B2B工业企业销售从业者中，"工科背景、技术出身"的销售人员占绝大多数，其中就包括我自己——

我本科学的是机械设计与制造专业，参加工作后在中核集团下属的核工业理化工程研究院光电应用技术研究所从事色选机的技术支持、机械研发工作，后来从技术转销售，负责西北大区的销售工作，算是非常典型的"半路出家"。

其实，B2B工业企业销售人员"半路出家"不是问题，问题是只靠"经验"很难成为优秀的B2B工业企业销售人员，在B2B工业企业销售领域也符合众所周知的"二八定律"：20%的销售人员承担了企业全年80%的销售业绩。他们的业绩越好，公司就越愿意把各种资源向他们负责的辖区市场倾斜。这也符合"马太效应"，时间久了，"二八格局"就越来越明显。

而渐渐地，剩余80%业绩平平的销售人员，就越来越得不到资源、做不出业绩，时间久了，自信心大受打击，自己也觉得自己不是"干销售的料"，或者当一天和尚撞一天钟，或者就转到了其他岗位……

那么，有没有办法让B2B工业企业走出这种靠经验，"放养式"的培育优秀销售人员的传统模式呢？

第一章　B2B工业企业销售部十大共性难题

答案是肯定的：借助本书提出的"顾问式销售七步法"搭建B2B工业企业的销售流程和框架，并提炼出公司原来20%优秀销售人员的经验，形成与B2B工业企业自身销售工作流程完美匹配的标准化销售方法体系，将其复制和导入其他销售人员的工作中，就能帮助B2B工业企业破解这个长期存在的难题。

问题二：销售技能提升难，靠"培训"见效太慢

有人说：即便是在互联网大行其道、知识学习几近没有门槛的当下，B2B工业企业销售工作也要3年才算入门，5年以上才敢说资深。

笔者对此深表赞同。

B2B工业企业销售人员技能的提升，营销知识和销售技巧的学习，都只是基本功，真正能促使销售技能突飞猛进的，往往是"工夫在诗外"，还得在实战中去大量印证和提炼。王阳明先生说："人须在事上磨，方立得住。"

然而，在B2B工业销售技能提升的培训中，也有一些人因此走向了另一个极端——既然知识学习不管用，那我们为啥还要培训？

尤其在一些传统企业，一些年长的销售人员往往对培训嗤之以鼻——有那工夫，还不如让我多出去跑几个客户呢！

打开这把"心锁"的钥匙是：B2B工业企业销售技能提升不要病急乱投医——一看业绩不好，就去请几位专家老师来给大家上上课、打打气，培训完了又急着想要结果——培训时抱着满腔期待，当时大家也反响热烈，

但结束后好像大家该咋干还咋干，没见到太大的变化。

综合上述两方面，笔者给 B2B 工业企业销售技能提升开出的药方是：结合公司经营战略和市场布局，对销售技能短板做出认真分析和诊断，有针对性地提出系统解决方案，尽量让专家老师配合设计出中长期的销售技能提升培训和辅导计划，最好是能请到愿意陪 B2B 工业企业销售团队长期成长的专家，而不是"东一榔头，西一棒槌"，今天请个名师，明天邀个能人，销售团队听了一大堆知识和新名词，到头来，销售技能提升还是进展缓慢。

问题三：销售认知升级难，靠"悟性"自己揣摩

即便是很多年过去了，笔者还依然清晰地记得当时的场景——刚从技术岗转到销售岗的我，还是小白一枚，去请教公司销售老前辈：怎么才能做好销售工作？

老前辈高深莫测地说："销售这活啊，靠'悟性'。悟性高，就吃香喝辣；悟性差，就做小炮灰。"

老前辈的说法很"江湖"，但不得不说，如果说营销知识和销售技能的学习还有迹可循的话，那么销售认知的升级由于需要不断开阔视野和提高站位，确实要更加困难。

在本书中，笔者特别从市场运营的高度来切入提升 B2B 工业企业销售技能的"顾问式销售七步法"，正是希望能帮助 B2B 工业企业销售人员升级销售认知，打破原有"以产品为中心"卖东西、做生意的销售认知框架，

第一章　B2B 工业企业销售部十大共性难题

建立"以客户为中心"解决问题、发展客户关系的销售认知框架。

不仅如此，笔者工业品牌营销三部曲的写作，也是践行帮助更多 B2B 工业企业解决营销难题的使命，希望能帮助读者从认知上重新理解 B2B 工业企业品牌营销业绩增长的三层逻辑：小逻辑、中逻辑、大逻辑。

小逻辑，是指通过训练销售技能、优化激励方式来提高单兵作战技能，从而获得销售业绩的提升。

中逻辑，是指通过科学排兵布阵、优化营销策略来提高营销协调作战能力，从而通过营销系统能力的提升来实现销售业绩的增长。

大逻辑，是指通过深入了解企业经营环境、行业趋势、目标市场、客户、竞争者以及企业自身，来明确品牌定位，并以此为共识，在企业家的引领下，在骨干团队团结一致的努力下，凝心聚力为"好客户"创造不可替代的价值，并持之以恒地与目标市场、目标客户群沟通并传递这种价值，从而通过敏捷迭代不断为客户创造价值、帮客户降本增效来实现企业经营业绩的可持续增长。

时至今日，B2B 工业企业销售的认知升级，已经无须再仅仅依靠个人"悟性"去揣摩了。

问题四：销售体系建立难，靠"英雄销售"支撑局面

B2B 工业企业销售工作往往周期长，涉及的决策部门多，对人的要求也非常高，需要销售人员对过程和细节有较强的把握能力，且优秀的 B2B 工业销售人员还要懂客户、懂产品、懂公司内外部的资源。因此，在 B2B

成长型企业销售部实战全指导

工业企业的初创期和成长期，靠"英雄销售"支撑局面的情况比较多见，甚至有时候，这个"英雄销售"就是公司老板本人。

然而，随着时间的推移，单靠"英雄销售"支撑局面的模式往往会对B2B工业企业的稳定发展和成长壮大形成明显的制约——

一是客户数量有限、结构单一会导致企业经营风险加大，尤其是近几年国际局势风云变幻、国内经济转型、新冠疫情反复等企业外部经营环境的不确定性增加，如果还像以前一样抱着"有限的大腿"，指望"大树底下好乘凉"的话，万一有客户出问题，那就会让企业陷入生死存亡的境地。

二是销售团队成长不起来，难以打破前文提及的"二八定律"——优势市场、优质资源都被"英雄销售"所占据，其他人只能"喝汤"，长此以往，有潜力的销售苗子也留不住，留住的又往往是"老油条"，劣币驱逐良币，强化了"二八定律"。

就更别说老板就是"英雄销售"的情况了——笔者曾经服务过一家工业铝型材企业，有一段时间销售经理们总说生产发货交付不及时，客户抱怨多，但老板不以为意，因为自己手里掌握着公司大客户，发货交付一直没什么问题，就总觉得是销售经理们的业绩不行，还总给自己找借口。后来才发现，车间人员在安排生产和发货时，只要遇到是老板的单子就都开绿灯，优先保障。或许正是因为老板的订单随意插队、抢先，其他销售经理正常的客户交付才无法按期完成。

三是个别"英雄销售"的离职，会对B2B工业企业经营造成重大损失。或许也正是因为有这种担心，很多老板才变成了公司最大的"销售经理"，甚至出现"老板一个人养着全公司"的局面。

第一章　B2B 工业企业销售部十大共性难题

笔者认识一位安徽的许总，经营着一家做电控开关柜的企业，一年销售额不到 3000 万元，他当下最头疼的问题就是销售团队的组建。他说："一直在物色，但总也招不到合适的人。尝试高薪挖来业界某知名电气外企的销售经理，但半年过去也没开发出新客户，走了；也尝试过校招，从头培养销售人才，但成长速度太慢，项目型销售上不了手……"

到后面深度访谈才知道：许总在创业前本身就是另外一家做电控开关柜的企业的销售经理，他自己的"英雄销售"经历时时刻刻在提醒他，要防范"英雄销售"的出现。因此，才高不成、低不就，总也找不到"合适"的销售人才。

B2B 工业企业销售体系的建立，是企业可持续发展的必然要求，也是 B2B 工业企业销售团队建立和不断成长的需要，正如单靠"天下第一剑客"难以赢得一场战争一样，只靠"英雄销售"也很难支撑起 B2B 工业企业的未来。

顾问式销售七步法，是帮助 B2B 工业企业建立销售体系的基础框架，提炼"英雄销售"的经验和技能。按照七步流程不断打磨，赋能销售团队，可以让普通人也干出不平凡的业绩。

问题五：销售业绩增长难，靠"套路"搞定客户

从跑马圈地的增量市场时代，到当下需要精耕细作的存量市场时代，不仅企业经营的思维方式要转变，B2B 工业企业销售的工作思路更要转变——

就以本年度贵公司已经完成的销售业绩来分析，请静心思考下：老客

户所贡献的业绩占比有多大？有没有超过 80%？如果再加上老客户转介绍的客户采购所贡献的业绩呢？有没有超过 90%？这种现象说明什么？

我们 B2B 工业企业销售业绩增长的逻辑发生了重大变化：你必须通过重视老客户关系维护，来获得老客户的复购、增购所带来的增长，这是最靠谱且最容易的增长方式，如图 1-1 所示。

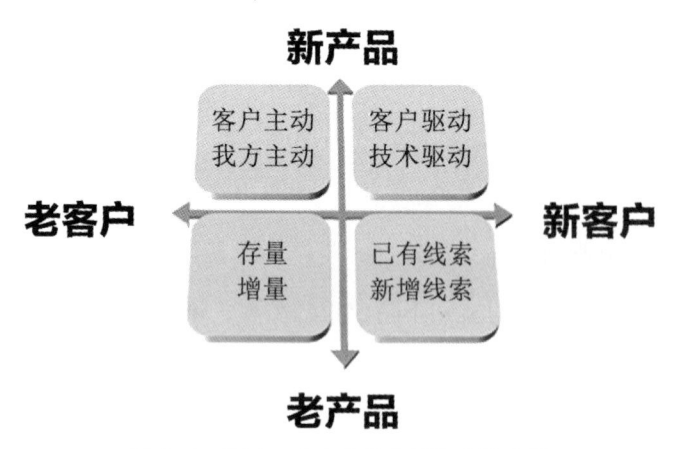

图 1-1　B2B 工业企业八大销售业绩来源

从图中我们不难发现：为老客户提供老产品是 B2B 工业企业最重要、最稳定的业绩来源，其中的存量部分，是我们的"铁饭碗"，增量部分，是我们可以"搭便车"的增长；为老客户提供新产品和服务也是相对容易实现的业绩增长来源；为原有产品和服务再开发新客户是销售的常规动作，也是公司业绩的重要来源；最后是新商机带来的业绩增长。

看清楚了 B2B 工业企业销售业绩的增长来源，我们发现：B2B 工业企业销售业绩增长的根本方法是"以客户为中心"，在帮客户不断解决问题的过程中深化信任关系，最终促成相互成就的伙伴关系，是专心做事、以诚待人，做一辈子的伙伴，而不是研究"套路"，处心积虑"搞定"客户，做一锤子的买卖。

问题六：客户关系维护难，靠"吃喝"维护客情

课堂上有学员问："杜老师，做B2B工业企业销售，客户关系太重要了，我怎样才能做好客情维护？"

我笑着回答他："卖更多东西给客户。"

这个回答当然有玩笑的成分，但道理确实如此——对B2B工业企业客户来讲，他的需求是相对刚性的，并不像消费类产品，你说得天花乱坠，客户的需求就能被你"忽悠"出来。你要想卖更多产品和服务给客户，你就必须更加深入地去了解和洞悉客户需求。如果你深入掌握和洞悉客户需求，甚至比客户自己还深入，那在客户眼里你就是专家级的存在，你就能帮客户更省心、更放心、更安心地把工作做好。能时时刻刻想着帮客户降本增效的供应商，客户关系怎么会不好？客户又怎么舍得离开你呢？

之所以有B2B工业企业销售人员觉得客户关系维护难，是因为他们还是想着用过去那套自己熟悉的"吃喝""拿回扣"的利益输送逻辑来绑架客户关系。

"沿着旧地图，找不到新大陆。"以前是干买卖，吃的喝的是自己的，损失是公家的；回扣是落自己碗里的，反正用哪家的不是用！现在是做企业，老板说："不能为了短期利益而牺牲了公司未来。"采购人员说："我最讨厌的销售人员是站在我的对立面思考问题，正经的工作老掉链子，却

总惦记着下班请我吃个饭的人，烦不烦啊？"

关于B2B工业企业销售工作，请告别"刻舟求剑"，换个思路来做好客户关系维护。

问题七：销售过程复盘难，靠"感觉"把握节奏

B2B工业企业销售人员的工作场景相对复杂，影响因素多，如果不能及时对销售过程进行复盘，只靠"感觉"来把握节奏，那就会导致"某些错误"一次又一次发生，这不仅不利于B2B工业企业销售人员的成长，也会导致大量公司资源的无谓消耗和浪费。

明明觉得十拿九稳的单子，客户还是给了竞争对手，这到底是为什么啊？

同一个客户，销售人员A去了，客户就客客气气，但同一家公司的销售人员B去了，客户就看他不顺眼，销售人员B到底是哪里做得有问题？

对于辖区内非常重要的客户，销售人员之前与对方在电话里沟通得都挺好，刚见面的时候也挺热情，可技术交流后客户的态度反倒变得冷淡了很多，不知是啥原因？

……

B2B工业企业借助顾问式销售七步法可以明确界定销售步骤，将销售流程标准化，这不仅可以帮助B2B工业企业销售人员轻松复盘整个销售过程，还能帮助B2B工业企业在公司营销系统内达成共识，形成具有公司特色的销售语言体系，降低营销系统内的业务沟通成本。

第一章　B2B工业企业销售部十大共性难题

问题八：销售经验积累难，靠"师徒"随性传承

在很多B2B工业企业销售团队内部都有"师徒传承"的习惯，这种方法的优点是：

第一，上手快、见效快，实用性强，节约成本，也比较有助于销售新人融入团队；

第二，能锻炼师傅的领导力，使其更有职业成就感；

第三，有利于隐性知识的传承，有利于打造高效团队，增强团队的归属感和凝聚力。

但其缺点也非常明显：

首先，师傅的个人素质直接影响到徒弟的学习效果，在实施"师徒传承"模式的B2B工业企业中，很多师傅所传授的方法和技能带有比较浓厚的个人经验色彩。另外，视野不够开阔，学习内容不够系统。其次，常言道"教会徒弟，饿死师傅"——很多B2B工业企业的销售团队架构比较扁平化，带徒弟会影响到自己的销售本职工作，甚至影响个人收益，这就导致师傅不愿意花费很多精力去带徒弟。最后，"师徒传承"模式只能培养少量学员，无法实现规模教学，综合来讲，效率低，成本高。

怎么扬长避短，妥善解决B2B工业企业销售团队的培养和传承问题呢？

笔者认为：可以借助顾问式销售七步法框架，结合B2B工业企业销售流程来进行定制化设计，然后将师傅们的经验进行共创和提炼，丰富和完善B2B工业企业自己的顾问式销售七步法，并将其批量赋能给销售新人，

并在往后的工作实战中不断复盘和升级。

这种做法不仅能帮 B2B 工业企业解决销售新人培养、师傅经验提炼、高效传承的问题，而且还能为企业搭建一套"活"的销售技能赋能系统——它能随着 B2B 工业企业的不断发展自我进化，越来越强大。

问题九：销售团队管理难，靠"自觉"鸡飞狗跳

曾国藩总结一生，写家书告诫子女，其中有一句重要的话："人败皆因懒，事败皆因傲，家败皆因奢。"

如果把 B2B 工业企业销售团队比作"家"的话，描述销售团队管理之难，这"懒、傲、奢"三个字可谓刻画得入木三分。

销售业绩做不好，在大多数情况下，是因为一个"懒"字。客观地讲，造成最终销售业绩不好的原因有很多，但回溯过程，我们往往会发现，原因在于商机和线索量少，线索跟进和沟通少，老客户沟通和联系少。可参照如下销售业绩增长公式：

销售业绩增长 = 单个客户销售额 × 客户线索量 × 销售转化率 × 客户复购率

如果转化率是 5%，那意味着成交 1 个新客户，你至少需要跟进 20 个意向客户。这也就是说，可能需要拿到 100 条线索来做筛选，才可能发掘出这 20 个意向客户。

如果复购率是 20%，那就意味着想要获得客户的 1 个复购订单，你至少需要对 5 个老客户进行深度沟通，甚至现场拜访（能够激活和发掘更多

客户需求）。

如果没有足够的商机和线索、没有足够的客户进行跟进和沟通，销售业绩好就只能是镜花水月。所以，销售团队管理第一关就是帮助团队成员克服一个"懒"字。

能"傲"起来的自然是销售业绩好、有两把刷子的 B2B 工业企业销售人员，他们往往会仗着有业绩撑腰，在公司里"横"着走，老板也要给三分面子——笔者甚至见过销售大拿直接冲总经理拍桌子的。

再来说"奢"字。B2B 工业企业销售管理还有一种很常见的情况就是销售团队"老化了"——曾经在枪林弹雨、炮火硝烟中为公司业绩增长立下汗马功劳的他们，如今功成名就，开始躺在功劳簿上享受生活了。客户都是多年的老关系，一年半载不去拜访业务也很稳定，即便去了也是叙叙旧、拉拉家常，老客户贡献的业绩就足以让他们拿到高额的提成，鲜衣怒马，快意人生，岂不爽哉？

综上所述，B2B 工业企业销售团队管理难，难就难在要克服这三个字：懒，傲，奢。

问题十：销售团队激励难，靠"提成"士气不足

"不瞒您说，杜老师，如果不是这次老板请您来做顾问，帮着公司梳理未来发展战略方向和做品牌定位，我都准备向公司提离职申请了。"在山西一家 B2B 工业企业品牌营销咨询项目的内部访谈中，公司销售团队负责人高总开门见山地跟我说。

我问："为什么？"

他说："老板今年快60岁了，家里就一个独生女，在加拿大留学，也没打算让她接班。老板干公司这么多年，家里也早就实现财务自由了。他很知足，平时不抽烟、不喝酒，也没什么不良嗜好，就是喜欢打高尔夫球。"

"平心而论，老板待我不薄。"他话锋一转，说道，"我从毕业就跟着老板了，从职场菜鸟到今天，在公司也算是一人之下、众人之上吧。但现在公司发展疲态尽显，尽管看销售额还算不错，年销售额8000多万元，给大家的提成也还行，但很多人都觉得看不到未来——老板这辈子算是功成名就了，可我们还正当年……"

我对高总的坦诚表示真诚的感谢，也很庆幸能在顾问工作中及时帮这家公司发现问题，并最终在后续的顾问辅导中逐步化解这些问题……

除此以外，笔者在大量的B2B工业企业销售辅导过程中也发现：随着80后挑大梁，90后逐步成为职场的中坚力量，甚至00后也即将登场，早期"有钱能使鬼推磨""重赏之下必有勇夫"的简单粗暴激励逻辑，对B2B工业企业销售团队越来越不好使了。

笔者认为：帮助B2B工业企业销售团队建立正确的营销认知，让他们在顾问式销售工作过程中赢得客户的信任和尊重，获得更高的价值感和成就感，可能是更能激发他们工作热情的动力来源；在此基础上，公司不仅要考虑到短期的"提成"激励，更要考虑到他们的职业发展和个人成长空间。只有如此，可能才会让B2B工业企业销售团队有更加充沛的动力来帮助公司从一个胜利走向下一个胜利。

表1-1为阻碍B2B工业企业销售业绩可持续增长因素自检表，供各

第一章　B2B 工业企业销售部十大共性难题

B2B 工业企业自检使用。

表 1-1　阻碍 B2B 工业企业销售业绩可持续增长因素自检表

类别	序号	诊断项目	选择
营销环境	1	经营方向摇摆，总在找新项目和新机会	
	2	产品线缺乏规划，主打产品同质化严重	
	3	技术研发能力偏弱，产品缺乏不可替代性	
	4	销售支持不够，市场团队能力有待提高	
思维瓶颈	5	销售人员培养模式目前还是靠老人带新人，不够专业	
	6	品牌务虚不落地，不知到底该怎么做	
	7	个别销售人员实力超强，销售额占较大比例	
	8	新销售人员招不来，招来的也没业绩，很快就走了	
专业瓶颈	9	行业有特殊性，懂技术的不想当销售人员	
	10	销售工作基本靠个人摸索，以建立销售关系为主	
	11	很少参加销售培训，公司不怎么重视	
工具应用	12	在销售工作中能够熟练应用SPIN工具（第五章具体讲述）	
	13	能够熟练应用FABE价值陈述工具（第六章具体讲述）	
	14	有专门的部门帮助整理PCC工具（第四章具体讲述）	
品牌推广	15	公司每年参加行业展会或研讨会3次以上	
	16	公司目前加入了3家以上行业协会	
	17	公司目前销售部和市场部是独立的两个部门	
网络营销	18	我们是工业企业，网络营销没有必要	
	19	我们公司有官网，且在百度等平台有推广	
	20	我们公司有微信公众号，不过运营效果一般	
系统支持	21	薪资制度不合理，绩效评价不公平，发展空间小	
	22	研发跟进速度慢，耗时耗力成果少	
	23	内部管理跟不上，交期总是跟不上	
	24	内部沟通很困难，兄弟部门总扯皮	

备注：1.此表仅作B2B工业企业销售诊断之用；2.评价方法：是则√，否则×

本章小结

美国通用汽车公司管理顾问查尔斯·吉德林说：认清问题，才能找到解决方案，能把问题写出来，就已经解决了一半。

在本章中，我们着重就 B2B 工业企业销售部门的十大共性难题做了梳理和分析，力求帮助 B2B 工业企业认清自己销售部门的问题，从而引起思考和找到适合的解决方案。

十大共性问题长期广泛存在于 B2B 工业企业销售部门，有些是认知问题——B2B 工业企业内外部经营环境已经发生了巨大的变化，销售人员必须尽快升级自我认知；有些是方法和工具问题——企业已经觉察到问题的存在，但苦于没有合适的方法和工具来解决它；也有些是机制和激励问题——随着企业的不断成长，原有的机制可能已不再适用于当前和未来的发展，原有的激励可能不再能像以前那样点燃销售团队的奋斗激情……

本章我们就先将这些问题写出来，后面将在顾问式销售七步法的基础上，尝试给出切实可行的解决方案。

下一章，我们将以俯瞰全局的视角，带领 B2B 工业企业销售经理们一起来领略 B2B 工业企业市场的迷人风景。

第二章
B2B工业企业市场地图与沙盘推演

常言道：铁打的营盘流水的兵。

站在 B2B 工业企业经营的大局来看，基于公司业务所划分好的一个个细分市场就是公司铁打的营盘，而我们的销售经理和一线销售工程师就是"守土有责"的将和兵。

根据不同公司业务特征的不同，这些细分市场——"营盘"可能根据地域、行业、产品线、渠道、采购行为等单一维度划分，也可能是组合式的，不同的划分方法各有优劣势，但总体符合"投入最小化，产出最大化"的基本原则，如表 2-1 所示。

表 2-1　B2B工业企业"营盘"——细分市场常见划分方法及优缺点

划分维度	适用场景	优　点	缺　点
按地域分	1.产品单一或类似 2.产品性能不复杂 3.面对客户数量大 4.客户分布地域广	1.销售经理权力集中，决策快 2.能与辖区客户建立深度联系 3.地域集中，费用低 4.人员集中，好管理	解决客户难题需要后方技术支持，内部协同要求高

续 表

划分维度	适用场景	优点	缺点
按产品/行业分	1.产品种类多,性能差异大 2.产品比较复杂 3.客户分属不同行业,行业差异大	1.熟悉产品相关技术,便于培养专家型销售经理 2.销售经理与供应链联系紧密,产品供货更加及时	容易造成地域重复、多人服务同一个客户,成本较高
按客户分	1.销量集中于主要大客户上 2.客户采用集中采购模式	1.专人负责客户,客户满意度更高 2.能和客户建立长期关系 3.能为新品开发提供思路	1.对销售人员要求高 2.客户流失风险较大 3.销售区域重叠,费用高
组合式	1.部分关键客户是主要收入来源 2.重点区域需要深度服务 3.线上线下销售需要区隔	1.针对客户特点提供定制化服务 2.采用营销组合降低成本	对营销人员协同作战能力要求较高
备 注	B2B工业企业细分市场可以理解成某类客户需求的集合,企业以相对较低的成本,为这类客户需求提供定制化的解决方案		

B2B工业企业根据自身业务特点来划分好细分市场,根据公司年度经营目标做好市场布局是启动市场开发工作的第一步,因为公司当年到底能打多少粮食,归根结底是要看有多少地可种,种什么,以及由谁来种。

表2-2是S公司年初市场布局"营盘"分布情况。

表2-2 B2B工业企业"营盘"——细分市场示意

营盘分布		华南大区	华东大区	华中大区	华北大区	海外大区
锁柜市场	A					
	B					
	C					
风扇市场	A					
	B					
	C					

针对每一个"营盘"做市场分析,结合分解到该营盘的销售任务目标,

第二章 B2B 工业企业市场地图与沙盘推演

来决定负责的"兵"的配置和团队组合，以及要采取什么样的策略、需要整合和投入哪些资源来达成目标，如表2-3所示。

表2-3 2022年度细分市场作战地图

细分市场名称		2022年度业绩目标	
市场现状描述	市场概况		
	SWOT分析		
	目标客户画像		
	不可替代的点		
2021年业绩数据		主要竞争者	
细分市场行业资源			
2022年增长瓶颈			
突破瓶颈主要策略	需求洞察		
	产品优化		
	服务优化		
	销售策略		
	市场支持		
	公司资源申请		
2022年关键动作			
人员培养			
费用预算			
备 注			

在上述作战地图的指引下，我们的将士们就可以通过能攻善守的顾问式销售七步法，根据客情和市场变化，呼唤"炮火"支持，与公司市场部协同，一起在自己"营盘"上精耕细作，努力达成销售任务目标、多打粮食了。

市场沙盘：不想当将军的士兵不是好士兵

你到底是在跑客户，还是在做市场？

这个问题值得思考——B2B工业企业的销售人员，往往不同于大企业的基层销售人员，因为你不仅要为拿单负责，还要为辖区市场的深耕发展负责；你不仅要收获当季的粮食，还要为今后收获更多的粮食做准备。

因此，B2B工业企业的销售人员必须有将军的视野，有能力俯瞰辖区市场全局。

表2-4中的9种市场资源是B2B工业企业销售工作中比较常见的资源，销售人员要在工作中不断积累和发掘，并学会整合应用。

表2-4 B2B工业企业细分市场九宫格

主管部门	合作伙伴	意见领袖
行业协会	目标客户群	地方商会
行业媒介	竞争对手	高校设计院

目标客户群

即在目标市场上，符合客户画像、B2B工业企业销售人员准备开发的客户群体。

行业协会

行业协会往往聚集了目标市场上大量的目标客户，是B2B工业企业销售人员要重点关注的市场开发场景。在协同市场部进行活动运营时，行业协会也是非常重要的合作伙伴。（详情可参看《成长型企业如何打造强势品牌》一书中"B2B工业企业加入行业协会的九大好处"一节）。

第二章　B2B工业企业市场地图与沙盘推演

地方商会

如果B2B工业企业的业务地域性较强,那么地方商会也是目标客户比较集中的地方,值得B2B工业企业销售人员关注。同样,与地方商会一起合作举办活动,调动当地资源,促进市场开发,也是B2B工业企业比较常规的操作。

主管部门

当地或行业主管部门不仅对辖区市场有监管职责,同时也有促进其健康发展的意愿,如果能在平时做好沟通,建立互信,那么必要时也能在辖区市场上共同策划和推动对当地或行业发展有利的活动,帮助B2B工业企业销售人员提高品牌拉动力,实现共赢。

合作伙伴

这里所说的合作伙伴,包括B2B工业企业的供应商和渠道商。产业链上能合作的商业伙伴多多益善,团结一切可以团结的力量有助于促进辖区市场开拓。

意见领袖

不管是按照地域,还是按照行业划分的辖区市场内,都普遍存在着KOL(意见领袖)——对大客户型销售来讲,行业领头羊往往是业界标杆,如果你的产品能被他们使用和认可,那么,差不多就算是拿到了该辖区市场的通行证;对小客户型销售人员来讲,KOL的作用更加明显,因为"羊群效应"，客户便会成群结队来团购，如果买不到，甚至会产生被排除在KOL所营造的"圈子"之外的感觉……

行业媒介

在我国，B2B工业行业的媒介大都有着悠久的历史和资深的背景，杂志、报纸、网站或公众号都只是其露出海面的冰山一角，在海面以下，你会惊觉原来他们是如此重要的行业资源聚集地——主管领导、业界专家学者、行业头部企业、优秀供应商……应有尽有。

竞争对手

当然，市场里少不了你的竞争对手。但不要紧，站在"做市场"的角度，我们与竞争对手并不是你死我活、零和博弈的关系，而是要学会和竞争对手"竞合"——善于向竞争对手学习，敢于挑战竞争对手，为你的竞争对手鼓掌喝彩。从较长周期来看，我们与竞争对手比的是谁能更懂客户需求，谁有更强大的资源整合和调配能力，谁能为客户提供更优秀的降本增效解决方案。因此，B2B工业企业真正的竞争对手是你自己。

高校设计院

B2B工业企业销售人员在协同市场部进行辖区市场运营时，也要学会充分调用高校和设计院的资源，尤其是在建筑工程项目、电力施工项目等需要设计院和相关单位深度参与的业务中，更是要与其保持密切的联系和沟通。

营销协同：从单兵作战到协同作战

俗话说：一身是铁，你能打几根钉？

在B2B工业企业营销力量比较薄弱，辖区市场比较大，又缺乏相关资源支持的情况下，销售人员一定要学会与公司市场部协同作战，积极整合和调动辖区市场资源，使其为我所用。一定要牢记：资源不必为我所有，只要能为我所用即可。

通常，B2B工业企业销售人员可以审时度势，向公司呼唤"炮火"，调用如下资源，可以帮助自己推进销售工作，如表2-5所示。

表2-5 B2B工业企业营销协同作战沙盘

基本动作	炮火支援（可采用的工具和资源）									
	线索提供	销售工具	经验分享	专题培训	展会	技术支持	高层互访	直播获客	行业论坛及讲座	媒体采访和报道
锁定客户										
建立信任										
洞察需求										
塑造价值										
处理异议										
签订合同										
升级关系										
备注	工具和资源可根据辖区销售工作需要不断扩充和增加，除了上述10种，B2B工业企业常用的还有客户培训会、专题研讨会、参观工厂、参观样板客户、公司年会、客户表彰大会、行业论坛演讲、帮助发表论文、媒体采访和报道、推介项目等。B2B工业企业销售人员可根据顾问式销售七步法，在适当的销售进程中，调用好这些"炮火"，以达到事半功倍之效									

线索提供

B2B 工业企业销售人员传统的获客方法是依赖公司分配线索、熟人介绍客户、展会发掘客户、网上搜集线索等等。

当下，随着互联网技术的蓬勃发展，新媒体工具的应用也越来越普及，B2B 工业企业寻找优质客户的方式也越来越偏向线上。因此，通过更多渠道和方法来获客，变得越来越重要。

在实际工作中，B2B 工业企业销售人员可以协同公司市场部来通过内容运营、活动运营、媒介运营（如 SEO/SEM 等）及客户运营来引流获客，帮自己实现辖区市场客户的高效开发，快速提升销售业绩。

销售工具

"工欲善其事，必先利其器"，B2B 工业企业销售人员要做好辖区市场开发，称手的销售工具少不了。常用的销售工具一般有：（1）名片和形象包装等形象展示类的；（2）企业宣传片、宣传册等公司和产品实力展示类的；（3）产品样本册等产品和解决方案展示类的；（4）产品简介 PPT 等深入系统讲解，能够引导客户认知的；（5）典型应用案例和相关资质证明等能让客户有代入感、眼前一亮的；（6）产品模型、样品、客户喜欢的小赠品等能帮助销售人员融洽客户关系、加深客户印象的；（7）销售业务管理表格和工具，如销售日志等。

上述销售工具看上去很平常，平淡无奇，但却是 B2B 工业企业在长期营销工作中所提炼和总结的精华——能"一剑封喉"，又何苦啰里啰唆解释，"缠斗"不休呢？

第二章　B2B 工业企业市场地图与沙盘推演

经验分享

俗话说：三个臭皮匠，顶个诸葛亮。

对 B2B 工业企业销售人员来说，在自己辖区内摸爬滚打、打怪升级，积累经验很重要；而从其他辖区市场销售人员那里学习最佳实践、鲜活案例，从其他前辈大咖或牛人那里学习其他行业和领域的操作方法和营销思路，也非常重要。

"他山之石，可以攻玉"，以开放、谦虚的心态，向销售高手学，向公司同事学，也向认真努力的自己学，才能让 B2B 工业企业销售人员成长得更快。

专题培训

有人说：永远不要用你的业余，去挑战别人的专业。

作为 B2B 工业企业销售人员，我们要学会正视自己的"业余"。相对于专门做 B2B 工业企业销售研究的专家来讲，我们是业余的，但就所在公司辖区市场的销售工作来讲，我们又是专业的。

那么，我们就可以向做 B2B 工业企业销售研究的专家来学习系统的方法，把它们应用到自己负责的辖区的市场销售工作当中去。所以，如果公司有专题培训安排，一定要把握机会，学会借助"别人的专业"来成就你自己的业绩。

展会支持

在很多 B2B 工业企业，展会是个很"尴尬"的存在——按说这是公司对市场开发投入最重磅的资源,每年都会占到市场部预算的大头,但却总是"搭台"的配角。市场部很积极,"唱戏"的主角——销售部却很勉强。这种情况一方面体现了销售人员思维太陈旧,把客户开发当成一锤子买卖,急功近利;另一方面也体现了市场部专业度不够,没能把市场运营工作和销售工作协同好并落到实处,只是忙于事务性工作,而对客户需求洞察、销售动作支持、行业资源整合的价值没有深刻理解。

展会是B2B工业企业销售人员开发辖区市场的重量级武器,一定要学会善加利用。

技术交流

技术研讨会(seminar)是B2B工业企业针对目标行业领域某个具体技术主题,邀请专家和目标受众在一起进行研究、讨论交流的会议。其作用是能够在活动中展示企业技术实力,在与会者及业界心中塑造和树立专家形象,维护和提升企业技术领先、行业领导者的高端品牌形象。表2-6是5种常见的组织形式。

表2-6 B2B工业企业技术交流会常见的5种组织形式

会议形式	方法概述
现场技术交流会	由B2B工业企业组织技术研发和服务专家到客户方交流: 针对产品使用中存在的问题,进行剖析、讲解与探讨; 针对生产线上存在的问题,提出解决方案; 推介新技术、新产品,听取客户方采购和使用部门的意见和建议
产品技术培训会	邀请多家客户单位技术人员、重要渠道商到公司参加产品技术培训; 结合产品使用中存在的问题,对已有产品线进行深度讲解和培训; 针对新发布的产品和技术,对重点目标客户、销售人员、渠道商进行讲解培训

第二章　B2B工业企业市场地图与沙盘推演

续　表

会议形式	方法概述
专家技术研讨会	由行业协会或相关主管部门主办，B2B工业企业承办的行业专家技术研讨会。承办企业要积极通过活动组织和造势，将企业领先的技术实力、良好的品牌形象植入与会者心智
新产品技术研讨会	往往应B2B工业企业新品发布的需要而组织，主要邀请业界资深专家、重点客户决策者、相关主管部门领导等参加，让新产品在业界迅速打响
在线技术研讨会	随着互联网技术的不断创新，网络技术研讨会已经被众多B2B工业企业积极采用，目前有腾讯会议、ZOOM等在线会议平台可供选择

高层互访

在B2B工业企业销售人员负责辖区市场上，公司老板和高层也可以是"棋子"，可以在你的"导演"下，按照你的剧本要求来扮演合适的角色。当然，前提是你的"主角们"真的认可你和你所导演的"戏"。

有人问：为什么会这样呢？

其实道理很简单：如果像以前一样，你把B2B工业企业销售人员的角色理解为只是"销售产品"，那这种情况就不会发生，因为大家各司其职，老板和高层负责公司的经营和管理，销售人员只管卖东西就行了，搞定一单是一单；但当下，B2B工业企业销售人员的工作任务重心从卖东西转变成了在辖区市场上与目标客户发展关系，那情况就大有不同了——客户是公司的重要资产，市场是公司打粮食的地，只要有助于公司资产增加、有助于公司的地多打粮食，老板和高层的互访自然就是皆大欢喜的事情了。

有些B2B工业企业销售人员会担心：如果双方公司的老板和高层建立了互信关系，会不会对我在辖区市场上的话语权造成影响呢？我说话还算数吗？

这样的担心大可不必，老板和高层互访，谈的是公司之间的合作和面向未来的发展，并不是你手上业务层面的事情，高层互访构成的互信，恰恰可以成为你与客户业务关系的保险绳和防洪堤——万一有业务层面谈不拢，甚至谈崩了的事情，到了高层那边，也会共赢协商解决，确保你与客户的关系在"斗而不破"的框架范围内。

高层互访也可以作为 B2B 工业企业销售人员促进客户下定决心签单的"撒手锏"——如果客户对公司的实力和诚意还犹豫不决的话，不妨试试这一招。

直播获客

疫情期间，因为 B2B 工业企业销售人员出差不方便，所以很多 B2B 工业企业不得不尝试用更多的营销方式来获取新客户线索，甚至通过线上的方法来维护与老客户的关系。

通过微信视频号、抖音、小鹅通、腾讯会议等在线互动方法来获客是 B2B 工业企业用得比较多的方法。例如，K 公司采用小鹅通平台搭建了企业商学院，引入行业大咖在平台上直播分享，在服务原有客户的同时，还吸引了大量的新客户和行业资源。

B2B 工业企业销售人员还可以联合公司市场部一起来运用新媒体工具，在自己的辖区内做市场开发和拓展工作。

行业论坛及讲座

辖区市场内如果有行业论坛和讲座，B2B 工业企业销售人员一定不要

第二章 B2B 工业企业市场地图与沙盘推演

错过，就算是需要申请一定预算也要努力争取，最好是协同市场部的同事一起联手出击。

行业论坛及讲座，不仅是获取新客户线索和拓展辖区市场内行业资源、人脉的好时机，更重要的是，它本身还有背书功能，如果 B2B 工业企业销售人员能在讲台上分享 20 分钟，把你的公司、你的产品和最佳实践案例以喜闻乐见的形式传播出去，能非常精准地吸引到目标客户和相关资源，并促成合作的话，是投入小、见效快、站位高、影响大的开发辖区市场的好方法。

媒体采访和报道

在 B2B 工业企业销售人员所负责的辖区市场内，媒体采访和报道是小投入、大收益的资源杠杆和品牌音量放大器。

B2B 工业企业销售部协同市场部，必要时候可以请公司老板和高层出马来接受采访和输出报道内容。有时候，也可以邀请行业标杆和样板客户现身说法。

总之，B2B 工业企业销售人员在做辖区市场开发工作时，一定要有俯瞰全局的视野，能够充分发掘和调动公司内外部的资源，帮助自己进行市场开拓，彻底改变传统凭一腔孤勇、单枪匹马猎取客户的销售工作模式，从单兵作战转向协同作战模式。

运筹帷幄：以社群思维做好辖区市场六大运营

"麻雀虽小，五脏俱全"——不管是按照地域划分，还是按照行业、产品线等要素划分，B2B 工业企业销售人员的辖区市场都是一个相对独立的"营盘"，可以视作一个单一市场来运营。

对销售人员来讲，要找到辖区市场 CEO 的感觉：我的地盘我做主，能够从市场全局的视角来做运营，主要有图 2-1 中的 6 个方面。

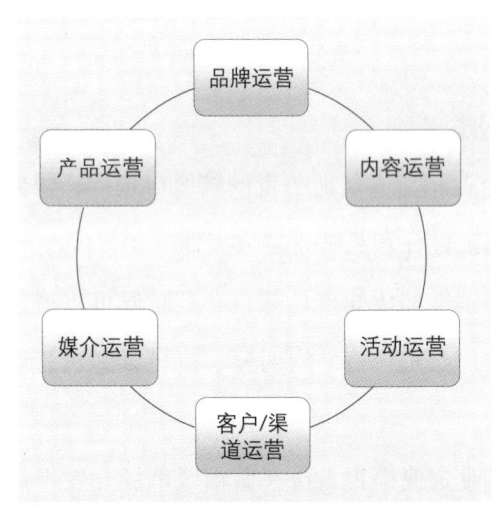

图 2-1 销售人员辖区市场六大运营

品牌运营

常常有销售人员抱怨：自己辖区市场的销售业绩表现差，主要原因是品牌拉动力不够。

这种说法，如果是对 B2C 快消品销售来讲，可能成立，毕竟营销体系

第二章　B2B 工业企业市场地图与沙盘推演

庞大，分工细致，职责明确。但在 B2B 工业企业的辖区市场，往往销售人员是什么样，在目标客户心智中，公司就是什么样，销售人员表现得专业、靠谱、值得信赖，客户就更倾向于将业务托付给公司，反之亦然。

因此，学会在辖区市场打造强势品牌，成为目标客户心智中的首选甚至唯一品牌，是中小 B2B 工业企业销售人员进行辖区市场运营的一门必修课。

2006 年，笔者作为核工牌色选机西北大区销售经理，负责枸杞行业市场（彼时全国枸杞交易市场中心在宁夏中宁县）开拓，在面对技术上有明显优势的进口色选机品牌强力竞争的情况下，凭借长期与客户"泡"在一起，更懂用户需求和市场特点，对枸杞行业的市场资源（当地主管部门、行业意见领袖等）善加利用，在当地构建三级售后服务体系，以及通过定期举办枸杞色选技术培训班、精选组合团购促销等举措，在业界成功建立了"核工牌色选机——最适合枸杞拣选的专用色选机"的品牌认知，从而让核工牌色选机在枸杞行业内成为首选品牌，占领了 70% 以上的市场份额。

我国幅员辽阔，行业门类众多，不同细分市场的需求特性和客户行为特征差异较大，即便当下全网媒介（天网、地网、人网）几乎无所不至，中小 B2B 工业企业在细分市场上依然可以大有作为——成为小池塘里的大鱼。而负责辖区市场的销售人员，就是责无旁贷的操盘手。

关于品牌运营的具体操作方法，读者可参看拙作工业品牌营销三部曲之《成长型企业如何打造强势品牌》，其中的强势品牌打造七步法，完全可应用于细分市场的开拓与局部辖区市场品牌运营。

客户运营

在新媒体工具不是很发达的时候，对中小 B2B 工业企业来讲，客户运营算得上是"奢侈品"——前端引流获客，主要是靠销售人员在辖区市场跑客户、混圈子，寄希望于"朋友多了路好走"，凭借"熟人关系"获得更多的客户线索和信息。

而与客户互动主要是靠销售人员的悟性和勤快，最多是在公司内部客户服务制度的要求和指引下，把客情关系维护好，至于手段，就根据个人擅长和喜好，八仙过海，各显神通。

偶尔从公司层面组织的客户答谢会、老客户售后巡访、年会论坛等帮助销售人员做的客户运营工作，需要调动公司大量人力、物力，时间和费用成本很高。

但随着网络和新媒体技术日新月异地发展，"旧时王谢堂前燕，飞入寻常百姓家"——负责辖区市场的销售人员，也可以把客户运营工作玩得风生水起了。

当前销售人员在辖区市场发展客户关系的过程，可以用图 2-2 中的沙漏模型来演示。

第二章 B2B工业企业市场地图与沙盘推演

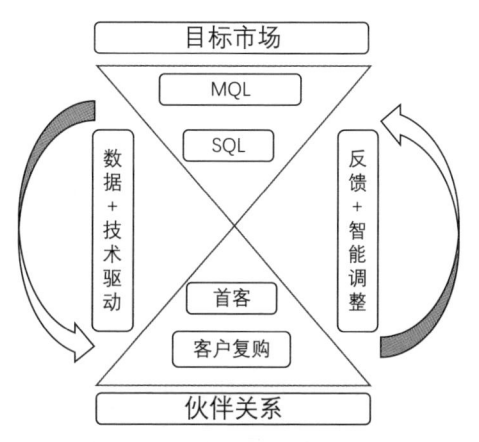

图 2-2 区域市场客户运营沙漏模型

销售人员可以通过新媒体工具来做内容营销、媒介推广、活动营销、社群营销，把符合目标客户画像的潜在客户和相关行业资源引入商机池[MQL（市场认可的线索）和SQL（销售认可的线索）]，并通过线上活动、一对一交流、电话沟通、线下互访等方式多次触达和互动，增进信任，直到成交。

销售人员还可以借助新媒体工具来做线上线下的活动策划组织、社群互动、客户答谢、专家访谈、直播连线、行业论坛研讨等，以小投入维护客情关系，促进客户复购和转介绍，并持续推进客户关系升级，直到形成相互成就的合作伙伴关系。

当然，在具体操作过程中，销售人员一定要学会"呼唤炮火"——借助公司市场部的力量来帮你完成辖区客户运营工作，这是上上之选。

产品运营

对销售人员来说，"产品运营"其实是个以客户为中心的概念。因为如果销售人员还停留在过去"卖产品/服务"的传统思维里，那产品运营工作是无法推进的——每一家B2B工业企业的产品和服务，从公司层面上看基本是定义好了的，理论上在辖区市场卖的都是同质化的产品和服务，那还运营什么呢？

但当我们秉持以客户为中心的理念，在深度洞察辖区市场客户的问题和难点后，就会发现我们的产品是有"运营"空间的。

K公司是地坪研磨机设备研发、制造、销售的供应商，负责北方大区市场的王经理在市场开拓过程中注意到：K公司的地坪研磨机的定位是行业高端产品，其相比同行显得"昂贵"的价格让客户采购门槛很高，导致销售动作推进缓慢。观察以往采购过的老客户，很多是因为先用了公司的固化剂等耗材产品，在销售服务互动中积累了一定信任，从而更愿意了解K公司的地坪研磨机，才最终做出了采购决策。

基于这一观察，王经理在走访市场、拜访客户的过程中，又进一步做了确认：采购K公司地坪研磨机的客户往往都是在当地坚持做"品质地坪工程"的优质施工商，他们希望有人能帮自己做出令客户满意的"品质工程"，而好研磨机就是其中一个条件。

王经理终于明白：以往自己总在王婆卖瓜，夸K公司的地坪研磨机研磨效率高，很多客户也认同，但并不买单，这一方面是因为价格门槛高，王经理所承诺的效率高的好处并不明显，再加上其他厂家也各有说辞，客户当然会犹豫；而另一方面更重要的原因是，做出客户满意且高性价比的

第二章 B2B工业企业市场地图与沙盘推演

"品质工程"是一个系统工程,并不是单靠研磨机就能达成目的的。

最终,王经理决定重新梳理业务逻辑:在北方大区市场上,K公司的定位不再是卖地坪研磨机的厂家,而是为地坪施工商做出"品质工程"保驾护航的系统服务商。为此,K公司应该从人、机、料、法、环、测6个方面进行思考,来确保客户目标得以实现,如图2-3所示。

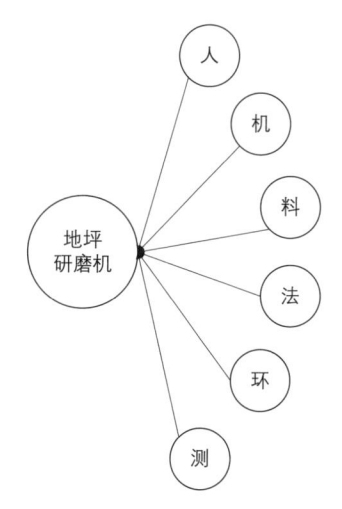

图2-3 K公司以客户为中心的"1+N"产品组合模型

与此同时,王经理也越来越觉得:在自己所管辖的北方大区,很多客户其实对产品的专业性也没有那么深的了解,之所以采购K公司的研磨机,是因为自己跑得多了,客户比较信任,从而对使用过程中出现的问题能够得到妥善解决更有信心。要想业绩可持续增长,重点不是怎么去卖产品,而是看是不是能与更多客户建立更深的信任关系。

为了快速发展更多客户,并不断维护和升级客户关系,王经理特别和公司市场团队一起策划了"1+N"产品组合——有爆款引流产品(一款独家染色剂），有现金流产品（长期大量使用的固化剂、研磨砂轮片等耗材产品），有高毛利产品（高抛机、研磨机等）。

内容运营

新媒体蓬勃发展，给中小 B2B 工业企业的市场运营工作带来了更多的价值呈现和沟通形式。文字、图像、音频、视频的内容，通过公司画册、产品样册、行业白皮书、产品知识百问百答、典型案例、软文、广告等载体，借助全网（天网、地网、人网）媒介进行传播，公司便能以较小的投入获得更多的精准客户线索，并以此维护和升级客户关系。

销售人员在辖区市场开发过程中，可积极调用公司内部资源，尤其是与市场部达成协同开发辖区市场的共识，通过内容运营，可以低成本、高效率地覆盖辖区市场、广泛传播公司品牌，再结合活动运营，公关定高度、传播定广度、销售定深度，就能快速将辖区市场做深、打透。

为方便销售人员在日常工作中查询，特将常见的内容运营载体做了如表 2-7 中的归纳和总结。

第二章 B2B工业企业市场地图与沙盘推演

表2-7 B2B工业企业常见内容运营载体

序号	常见载体	概　　述	备　注
1	公司画册	公司基本情况介绍	内容运营的目的主要是：（1）提升品牌认知度，让目标市场上的更多人知道公司；（2）逐步建立信任；（3）让客户更加认同
2	产品样册	产品线系统介绍，特别注意要用客户视角	
3	行业白皮书	公关定高度，传播定广度，站位很重要	
4	百问百答	可以对常见的客户异议统一做回答	
5	典型案例	让客户更容易感知到公司所提供的价值	
6	软文/新闻稿	让目标客户能从多方位、多触点了解公司	
7	视频课程	B2B工业企业在自己深耕的领域都是专家	
8	直播访谈	用更鲜活的形式，让受众了解有温度的公司	
9	期刊论文	期刊论文的严谨性和权威性适合B2B工业企业	
10	媒介广告	广告也是内容，能更广泛地让受众知道公司	
11	其　他	内容运营的载体日新月异，可根据需要选择	

媒介运营

20世纪原创媒介理论家麦克卢汉说：媒介是人的延伸。

对负责辖区市场的销售人员来说：媒介是一根杠杆，可以帮你更加快速地撬动市场；媒介也是你的音量放大器，能让你和客户的价值沟通更有效率；不仅如此，媒介还能帮你在目标市场上起到背书作用。

但很多中小B2B工业企业的销售人员可能对此不以为意：这些工作不都是由公司统一安排、市场部牵头负责的吗？跟我有什么关系？

没错，按道理来讲，媒介运营工作，乃至本节讲到的六大运营，都是要由公司统一安排、市场部牵头来做的，但"理想很丰满，现实很骨感"——笔者在多年的中小B2B工业企业咨询和培训服务过程中，所观察到的B2B工业企业市场部的实际情况是：做不到。

首先，为数众多的B2B工业企业市场部是"没闻过硝烟、没听过炮火"

的，他们的所谓"媒介运营"，更多的是强调媒介的工具属性，有点"为了炫耀锄头，而忘了种地"的意思。并不能把媒介运营工具真正用于打粮食、出业绩，只是满足于秀工具和完成 KPI 数据。

其次，虽然有些公司任用产品经理出身、有销售背景的同事做 B2B 工业企业市场部的负责人，但他需要对公司层面的市场运营做统一安排，在有限的团队配置下（B2B 工业企业市场部大多数是 5 人以下的配置），他没法照顾到每一个细分市场的媒介运营需求。

因此，销售人员作为辖区市场的负责人，有必要了解媒介运营的重要性，并在开拓辖区市场的过程中，积极"呼唤炮火支援"，借助公司资源，快速开发市场。有时，在公司及市场部也缺乏你所负责辖区市场的媒介资源时，你更是需要主动出击，借用媒介杠杆，推动市场开发速度。切记：资源，不必为我所有，但求为我所用。

活动运营

销售人员在辖区市场进行的活动运营是指围绕新客户开发，客户关系建立、维护和升级而策划组织的各种活动，一般包括活动策划、活动执行、复盘跟进 3 个阶段。

F 公司通过技术培训和交流会进行精准引流获客及高效销售转化的成功实践，引来行业内越来越多公司"抄作业"效仿。

地处中部城市郑州的 F 公司主要做一种用于工厂车间地面修补的混凝土修补材料，其主要拓客模式是"线上引流＋线下技术培训和交流会"的活动运营模式。

第二章　B2B 工业企业市场地图与沙盘推演

F 公司通过线上全网营销，尤其是 SEO（搜索引擎优化）/SEM（搜索引擎竞价推广）、头条投放及抖音运营，邀约有意向做地面修补业务的客户参加技术培训和交流会，不仅现场演示地面修补材料的用法、施工方法，做技术讲解和培训，而且还有各地成功的加盟商现身说法，分享自己市场开拓经验和施工成功案例，再辅之以现场加盟下单采购优惠，其客户的签约转化率非常高，甚至影响了整个行业的营销模式转变。

2020 年和 2022 年，在新冠疫情影响下，有些时候销售人员出不了差，只能通过线上做活动运营，这也让很多 B2B 工业企业感受到了活动运营的威力。

河南省金太阳精密铸业股份有限公司（以下简称"金太阳公司"）是一家拥有两个生产基地与一个工程技术研究中心，具备年产中高端铸铁零部件 2 万吨，并具备提供相关模型制作、铸件深加工、零部件检测、铸件防腐等配套服务的科技型企业。其主要客户是机床企业。该公司传统开发新客户的主要方法是通过参加展会、熟人介绍、网络查询等途径获得线索，再由销售经理上门拜访客户，或电话邀约参观工厂，以此促进成交和不断深化客户关系。

但在疫情影响下，销售经理无法出差，传统的市场开拓路径受阻，金太阳公司的战略与市场部积极通过线上活动运营寻求破局之策。

2020 年 5 月 30 日，金太阳公司副总经理宋新安受邀在首届立嘉国际智能装备展览会线上展会上分享了报告《机床铸件如何适应高端机床发展的新要求》，就机床铸件之于机床的重要性，以及怎样通过机床铸件的改善来提升机床精度与精度稳定性等问题进行探讨。这次活动引起了很多机床企业的关注，他们纷纷加了宋总的微信，建立了联系。与此同时，金太阳公司的销售经理也在活动专属微信群内积极添加了辖区机床企业及相关从业者的微信，并在活动后进行了及时复盘和跟进。

上述六大运营工作，如果在规模较大、营销分工较细的公司，往往会由销售部、市场部、产品部、客户服务部、品牌部、公关部、技术部、研发部等多个职能部门来承担和协同作业，但在中小B2B工业企业，往往只能由负责辖区市场的销售人员来统筹协调，甚至很多事情需要自己亲自上手策划和执行。

沙漏模型：从素不相识到相互成就的伙伴关系

B2B工业企业在市场开拓的过程中，销售人员的核心工作与其说是"销售产品"，不如说是"建立、维护和升级客户关系"。

销售人员需要先从千万人中"按图（客户画像）索骥"，找到心目中的目标客户，再想方设法与目标客户邂逅，并与目标客户建立信任关系、洞察目标客户的需求、塑造品牌价值、处理与目标客户之间的异议，与目标客户签订合同，在业务往来中不断磨合，深化合作关系，最终与目标客户成为相互成就的合作伙伴。

有趣的是，以往我们理解这种客户关系的发展路径，是基于"漏斗模型"，把客户看成交易对象，就像一台榨汁机，不断"榨取"订单，周而复始。

但现在，我们基于市场发展背景来重新理解它，把客户关系的发展过程理解为"沙漏模型"——B2B工业企业销售人员从陌生人中发掘和吸引

第二章　B2B 工业企业市场地图与沙盘推演

目标客户及相关人员，使其进入上端的"商机池"，通过前述六大运营机制不断"孵化"商机，沉淀为 MQL 与 SQL，促进成交后使之进入"客户池"。B2B 工业企业通过销售和市场运营推动客户复购和转介绍，并不断优化和升级客户关系，直至成为相互成就的伙伴关系。如图 2-4 所示。

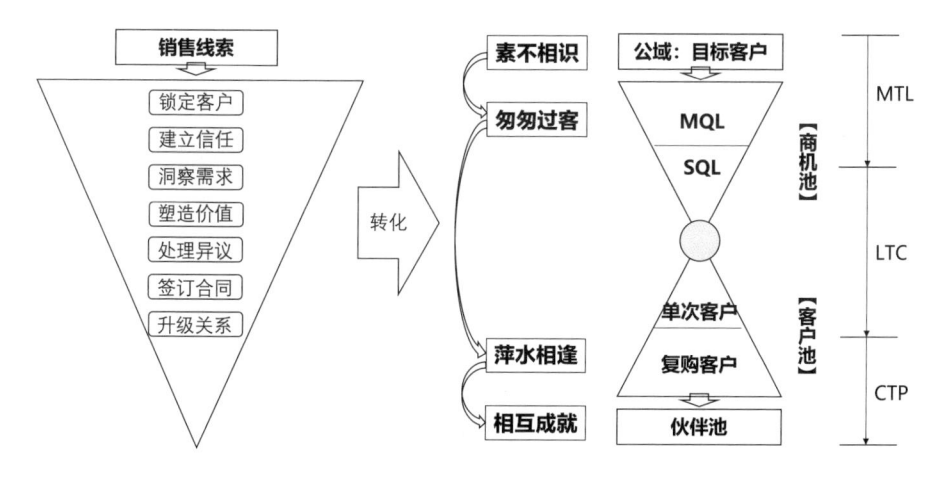

图 2-4　B2B 工业企业营销模式转化过程

这种"转化"可以帮助我们把 B2B 工业企业营销工作流程刻画得更加清晰，一般来讲，可以分为如下 3 段。

MTL 段：主要指 B2B 工业企业市场部通过内容运营、媒介运营、活动运营、客户运营等方法（具体方法请参照《成长型企业如何打造强势品牌》和《工业品市场部实战全指导》）从公域目标客群中精准引流获客，并留存在商机池中，沉淀为 MQL 和 SQL，形成 B2B 工业企业辖区市场私域流量池，并高效运营。

LTC 段：主要指 B2B 工业企业销售部通过顾问式销售七步法，将 SQL 转化为订单和业绩，并签订合同和回款的过程。

CTP 段：主要指 B2B 工业企业销售部在与客户成功完成首次交易的基础上，不断深化与客户的关系，挖掘客户的更多需求，实现客户持续复购，并逐步升级为战略合作伙伴关系，留存在伙伴池中长期合作、相互成就的过程。

"沙漏模型"清晰刻画了 B2B 工业企业销售人员辖区市场开发的全流程，相比传统的"漏斗模型"，更符合当前 B2B 工业企业销售人员辖区市场开发实际，是 B2B 工业企业市场营销思维的重要迭代升级。

铁血军团：胸怀全局、勇往直前、能攻善守

拥有一支"胸怀全局、勇往直前、能攻善守"的铁血军团，几乎是每一位 B2B 工业企业老板梦寐以求的"小目标"。

但现实往往不尽如人意。

招聘难，培养难，管理难，激励难，业绩增长难，可持续增长更难。

很多 B2B 工业企业老板一提到销售人员管理工作，总是感到又爱又恨——爱它是公司发展的火车头，每一点进步都给公司打开了更大的想象空间，让公司的发展充满了无限可能性；恨它是公司管理不确定性的主要来源，销售人员每天都在为应对各种市场和客户变化而疲于奔命，有时却一筹莫展……

为了打造一支能征善战的铁血军团，有的 B2B 工业企业老板甚至下了血本，做了诸多尝试：

花重金从 500 强企业挖人，空降销售团队做管理……

第二章　B2B 工业企业市场地图与沙盘推演

派 HR（human resources，人力资源）经理去"985"、"211"名校招人……

从竞争对手那边花重金挖墙脚，招募有"资源"的人……

投资请第三方管理咨询团队建立先进的营销管理体系……

邀请名师来公司为营销团队做专题培训……

给日渐老化的销售团队高提成激励，以求激活战斗力……

壮士断腕，给销售团队换血用年轻人，以求能"脱胎换骨"……

如此种种，却几家欢喜几家愁：重金挖来的销售高管，适应不了团队文化，不久挂靴离职；刚毕业的名校生培养周期长，心理期望高，业务出不了单只能另谋高就；挖墙脚来的"高手"与企业离心离德，貌合神离；第三方管理咨询团队提供的方案很高大上，但却落不了地；名师培训短短两天，虽然销售人员当时很受触动，但过后很快又忙于日常工作；高激励好像也没让销售人员兴奋几天，不久还是回归了老样子；年轻人是为整个营销团队带来了活力，但没有系统培养的体系，没有合适的人带，怕承担不了公司业绩可持续增长的重担。

怎么办？

俗话说：练武不练功，到老一场空。

对专注于细分市场、资源并不充裕的 B2B 工业企业来说，临渊羡鱼，不如退而结网——在踏踏实实服务好客户的过程中，带领自己的销售团队借助顾问式销售七步法练好基本功，并在此基础上，以公司战略为牵引，系统构建适合自己的工业品牌营销体系，打造一支"胸怀全局、勇往直前、能攻善守"的"铁血军团"，方为上上之策。

科学销售：让销售业绩可持续增长成为必然

泰勒认为：科学管理的根本目的是谋求最高劳动生产率，最高的工作效率是雇主和雇员达到共同富裕的基础，达到最高的工作效率的重要手段是用科学化的、标准化的管理方法代替经验管理。

B2B 工业企业销售工作也应该践行泰勒科学管理的基本原则，以期达到更高的销售工作效率，因此，如何用科学化、标准化的销售方法替代经验管理，也是重要课题。

在诸多 B2B 工业企业营销实战中，有的销售工程师往往只在经过简单的产品知识和销售技能培训后就被派到辖区"跑客户"，在一线的摸爬滚打中依靠"传帮带"和自己的悟性来逐步胜任工作，或者在不断受挫中认为自己"不适合做销售"而被替换下场，这一过程不仅增加了企业大量的试错成本，也误伤了不少事实上有潜质做好销售的人员的信心，甚至造成了其整个职业生涯"抗拒销售工作"的心理阴影。

有没有办法改变这种情况呢？

我们可以通过将销售流程分解为标准动作和通过市场部的辅助配合来从根本上解决这一难题。

以铸造企业的新客户开发工作为例。

第一步：市场部要结合公司内外部资源状况，根据公司市场战略进行市场细分、目标市场选择、市场定位及客户画像，明确到底谁才是我们的目标客户。只有"先瞄准后开枪"才能最大限度降低营销成本。

第二步：根据目标客户群所在位置和场景，销售部在市场部的辅助下以恰当的方式接触客户和取得有价值的销售线索，并进行分级和甄选。

第三步：销售经理积极跟踪这些客户线索，与客户采购方、技术人员、品控负责人、使用者等多方接触沟通，深入了解和把握其真实需求，并提出有针对性的解决方案。

第四步：积极邀请其参观验厂，迈出实质性步伐，基本达成合作意向，签订合同。

第五步：根据客户需求积极协调和推动样品试制阶段的顺利完成。

第六步：销售经理积极听取客户方和公司内部各部门的反馈，并推动顺利实现批量供货。

第七步：依托公司资源和市场部支持，销售经理积极维护和升级客户关系，推动重点客户关系从最初的简单买卖关系向战略合作伙伴关系升级。

上述铸造企业新客户开发七步法可以总结如图2-5所示。

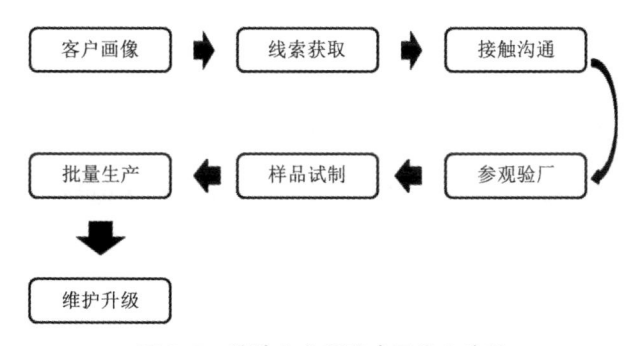

图2-5 铸造企业新客户开发七步法

铸造企业的老板和营销人员总在抱怨：找个好客户真不容易，比找媳妇还难。

事实上，在工业品牌营销体系导入咨询项目的外部调研中，我们不止一次听到客户的采购人员反映：找到一家中意的铸造供应商，也跟找对象一样难。

因此，上述铸造企业新客户开发七步法，不仅是为铸造企业营销人员的工作提供了指引，其实也是为铸造企业客户方的采购人员快速找到合适的供应商提供了最佳解决方案。

第一步：客户画像。清晰的客户画像减少了采购人员接待销售人员"误打误撞"的概率，让彼此"看对眼"的概率大幅增加。

第二步：线索获取。有选择且目的明确的接触，大大降低了采购人员调查和筛选供应商的强度和难度，也让彼此沟通更加高效。

第三步：接触沟通。销售人员或项目小组的积极跟进，可以帮助采购人员高效整合技术、品牌、使用者及上级领导的意见，顺利完成采购指标的制定。

第四步：参观验厂。参观验厂动作的完成，往往意味着采购人员的工作也取得了实质性的进展，并有利于双方各部门间建立工作交流关系，减轻了采购工作的压力。

第五步：样品试制。销售人员能够在拿到加工图纸和质量标准后积极协调和推动试样工作，客观上降低了采购人员的工作强度。互相默契的配合，会让后续的客户关系维护工作事半功倍。

第六步：批量生产。销售人员与采购人员的密切配合、良好互动，是批量供货阶段客情关系渐入佳境的必由之路。

第七步：维护升级。两家公司之间的往来从简单买卖关系发展到战略合作伙伴关系的过程，离不开铸造企业销售人员和客户方采购人员的密切配合和不断推动。不断良性升级的战略合作伙伴关系，会让销售人员和采购人员的工作也变得事半功倍和轻松惬意。

通过将铸造企业的新客户开发工作分解为7个标准动作，铸造企业可以对销售人员的工作内容进行标准化设计和关键节点控制，建立起自己企业内部的"新客户开发系统"，将资深销售人员的宝贵经验总结沉淀下来，帮助销售新人尽快上手，以共同实现公司销售业绩的可持续增长。

5层分解：让小菜鸟也能跑完"国际马拉松"

大家知道，马拉松是国际上非常普及的长跑比赛项目，全程距离为42.195公里。对一般人来讲，如果只是埋头冲着终点努力，估计别说是跑，就是不限时间走完全程，能坚持到底的人，都是少之又少的。但如果能把这个漫长的行程用沿途一个个饮料站、路标标记好，那么，情况或许就会大为改观了。进而，如果能有专业人士指导，告诉大家每个阶段所要达到的目标和所要完成的规定动作，再对一些必要的方法和策略进行讲解，甚至给出一些工具和技巧，那么，你是不是感觉人人都有可能完成这个"不可能完成的任务"了呢？

同样的道理，在B2B工业企业销售工作中，如果只是在年初给销售人员定一个任务指标，然后指望拿提成这个"小鞭子"来抽打刺激，就可以等待年末取得好收成，或者是给销售人员提供一个线索，然后就让销售人员凭着个人经验和能力去攻城拔寨、拿到订单，并凭感觉去搞好关系，长期维护……那就大错特错了。这种"看天吃饭"的做法很容易就把我们

B2B 工业企业的销售人员搞成"四拍型"销售人员——

　　一拍脑袋："我感觉没问题，应该能搞定。"

　　二拍胸脯："老板，没问题，您放心，小菜一碟，保证拿下。"

　　三拍大腿："哎呀，没想到今年形势这么不好，生产那边一直交不上货，客户那边出了点问题，环保限产停产影响了发货……"

　　四拍屁股："今年就这样了，老板，您说怎么办吧！下一年我一定吸取教训，保证超额完成任务。"

　　事实证明：没有规范动作，全靠个人发挥，是我们 B2B 工业企业营销工作的一大顽疾。从公司战略目标完成的大局来看，这种随性而为的做法，让公司的年度经营目标一开始就很不确定，任务指标能否完成，有点像赌博：年初押宝，成不成基本就得看年底那一哆嗦了。从销售人员个人目标的实现来看，客户能否最终成交及持续采购，也是最后看运气。如果和客户那边的采购及相关联系人看对了眼，关系处得不错，对方愿意帮忙，正好有需求，那就成了。否则，在从拿到线索到持续成交这个"马拉松长跑"的过程中，随便哪个环节有风吹草动，那就只能凭本能去"救火"了：能成，那是运气；成不了，那反正我也尽力了……

　　有没有办法将我们 B2B 工业企业的销售工作也像马拉松长跑那样设置饮料站、路标，进行阶段和动作分解，并清晰定义每个阶段所要达到的工作目标、达成目标所要完成的基本工作、完成工作常规的方法策略，以及常用的工具模板，让销售过程更加简单、让销售结果更加可控呢？

　　在上节"科学销售：让销售业绩可持续增长成为必然"中，我们以铸造企业的新客户开发为例将营销过程大致划分为 7 个阶段，思路变得清晰

第二章 B2B工业企业市场地图与沙盘推演

了,但具体到每个阶段到底该如何定义、具体要达到什么目的、做哪些工作、有哪些关键节点、常用的实战方法和策略及辅助工具和模板……还需要我们进一步标准化。图2-6是我总结出来的B2B工业企业销售标准化作业五层次模型,供大家参考。

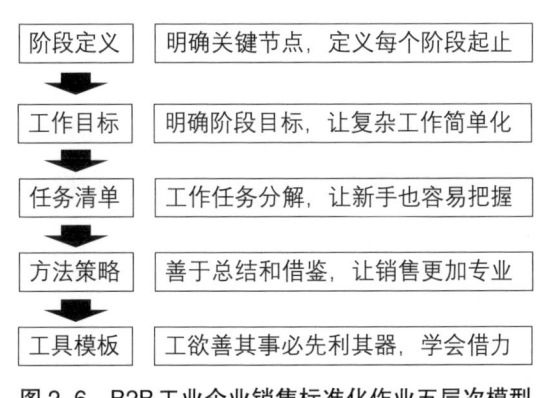

阶段定义	明确关键节点,定义每个阶段起止
工作目标	明确阶段目标,让复杂工作简单化
任务清单	工作任务分解,让新手也容易把握
方法策略	善于总结和借鉴,让销售更加专业
工具模板	工欲善其事必先利其器,学会借力

图2-6 B2B工业企业销售标准化作业五层次模型

综上所述,我们以铸造企业的新客户开发工作为例,将销售人员从调研和熟悉目标市场、进行客户画像,到找到有价值的客户线索,到积极接触沟通、参观验厂、样品试制、批量生产,再到客户关系维护和升级这一常规的销售工作流程归纳为——铸造企业新客户开发七步法。

继而,我们再将上述7步做进一步标准化,从阶段定义、明确工作目标、总结任务清单、提炼方法策略、形成工具模板5个层级进行归纳梳理。最终就可形成适用于铸造行业的"铸造行业新客户开发系统",实现让铸造行业销售过程更加简单、结果更加可控的目的。

那么,这样的科学销售和5层分解开发出"铸造行业新客户开发系统"的方法和思路能不能适用于更多B2B工业企业的新客户开发呢?我们将从下一章起，和大家一起来探讨——方法篇：能攻善守的顾问式销售七步法。

本章小结

古语云："不谋全局者，不足谋一域。"

本章创造性地带领B2B工业企业销售人员从俯瞰全局的视角来观察其所负责的辖区市场。从市场细分的原理与方法，到辖区市场的九宫格结构，再到如何协同公司市场部来运营这些资源，以更加高效地开拓辖区市场，实现销售业绩可持续增长的目的。进而，通过"沙漏模型"为销售人员解读了在辖区市场上，为什么说B2B工业企业销售人员的任务实质上是"建立、维护和升级客户关系"，而不是"销售产品"。最后，在谋定的辖区市场上，B2B工业企业需要一支"胸怀全局、勇往直前、能攻善守"的铁血军团：通过科学销售将销售作业流程做阶段分拆，并将每个"工序"都进一步做5层分解，让每一个销售步骤都可操作、可回溯、可复盘优化，让B2B工业企业的销售业绩的可持续增长变成必然——顾问式销售七步法，是这支队伍所必须练就的以不变应万变的基本功。

从下一章开始，我们将开始为B2B工业企业销售人员详细讲解能攻善守的顾问式销售七步法。

方法篇

能攻善守的顾问式销售七步法

B2B工业营销领域较常见的销售模式有5种：大客户型、项目型、小客户型、渠道型、平台型，如图1所示。

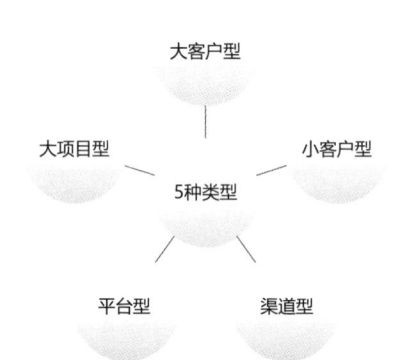

图1　B2B工业企业品牌营销5种常见销售类型

这5种基本销售模式在具体工作流程和内容方面有较大差异，如表1所示。

表1　B2B工业企业销售的5种基本模式及具体工作流程

客户类型	工作流程
大客户型	（1）确定开发对象；（2）初步接触；（3）样品提供；（4）技术交流；（5）关系建立；（6）考察验厂；（7）签订合同；（8）批量供货
大项目型	（1）项目立项；（2）初步接触；（3）技术突破；（4）商务突破；（5）现场招标；（6）签订合同；（7）项目执行
小客户型	（1）寻找潜在顾客；（2）访前准备；（3）接近并与客户建立良好的关系；（4）了解客户需求；（5）描述产品；（6）异议处理；（7）成交；（8）回访
渠道型	（1）电话邀约；（2）客户拜访；（3）初步方案；（4）技术交流；（5）需求确认；（6）项目评估；（7）商务谈判；（8）签约成交
平台型	（1）平台考察；（2）签约合作；（3）物流结算
备　注	B2B工业企业销售人员可对照进行自己辖区内业务流程设计和完善

这5种基本销售模式的内在逻辑其实有相通之处，笔者结合自身不同类型的销售实战和客户服务经验，将其提炼为一套顾问式销售七步法，如

图 2 所示。

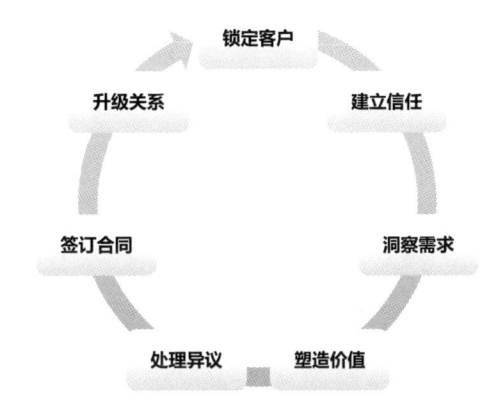

图 2　顾问式销售七步法

第一步：精准识别、锁定客户。提炼客户画像，瞄准靶子再开枪。

第二步：大巧若拙、建立信任。信任是与客户发展关系的压舱石。

第三步：深度沟通、洞察需求。听懂客户要什么比你的好更重要。

第四步：对症下药、塑造价值。让客户知道你是他的首选和唯一。

第五步：处理异议、促进成交。客户异议是好销售人员成长的磨刀石。

第六步：商务洽谈、签订合同。凝心聚力合作共赢踢好临门一脚。

第七步：系统服务、升级关系。专家服务相互成就促成伙伴关系。

为了让 B2B 工业企业能较快掌握和熟练应用顾问式销售七步法，本篇不仅对每一个步骤做了详细解读和说明，而且从大量的最佳实践中提炼了可以拿来即用的工具表单、实战技巧和典型案例。

顾问式销售七步法简单、实用、高效，我衷心希望专精特新企业通过学习顾问式七步法，能实现如下 3 个目标：

（1）个人增效，提高产出：祝各位销售精英，实现辖区业绩增长和个人提成收益双丰收。

（2）团队增效，标准作业：祝各位销售经理，实现团队业绩增长和协同作战能力更强悍的目标。

（3）公司增效，业绩倍增：祝各位老板和高层，实现公司业绩增长和营销团队系统能力升级双目标。

第三章
第一步 精准识别、锁定客户

我先问大家一个问题：我们在做客户开发的时候，到底应该是先瞄准后开枪，还是先开枪后瞄准？

你一定会说："这还用说，肯定是先瞄准后开枪。"

好，我再问你：在具体工作里面，你是先瞄准后开枪的吗？请你思考一下。

结果好多人一想：不对，我工作里面好像还真是先开枪后瞄准——就像打猎一样，打着什么是什么，甚至说有人开玩笑说只要给钱的就是客户。

所以说我们今天首先要跟大家确认：销售人员开发市场、发展客户的第一步，应该是锁定客户。

场景故事：小赵签单只是靠运气吗？

在这里我先拿一个小故事跟大家分享：

X公司是国内铸造涂料头部企业，小赵负责X公司的华北区域市场。2021年3月他给一个做国产机床铸件的客户提交了报价，结果客户一看报价就火大——几乎是普通国产铸造涂料价格的两倍，太贵！客户觉得这就很没诚意。

但很有意思的是，就在 6 月份，面对同样的报价，一家做风电铸件的头部企业，在现场试样顺利通过后，只是要求给予 5% 的价格折扣就痛快地签单了。小赵想了想，包括合同签订这一次，总共也就去过两次。

小赵就在想：这样过山车一样的经历，那就是运气，纯属运气。

您觉得呢？小赵在这两家公司的销售情况差别如此之大，原因在哪里？真的只是运气吗？

小赵所在的 X 企业作为国内铸造涂料头部企业，目标客户定位于中高端客户，而他 3 月份报价的国产机床铸件生产企业，铸件造型简单，型芯表面要求相对较低，一般涂料也能满足现场使用要求，因此，对小赵的报价很难接受。

"悲催的"小赵不是运气不好，是因为他一开始就没找对客户。

同样，"幸运的"小赵并不是因为运气好才拿到了风电铸件头部企业的订单，而是因为风电铸件型芯表面积大，所以对铸造涂料产品要求高，且需要服务商具有较强的定制化服务能力。而 X 公司强大的铸造涂料产品和解决方案定制能力是客户最为看重的，而且价格敏感度不高，所以在顺利完成现场试样后，客户很满意。

因此，面对同样的报价，小赵能顺利签单，不是因为幸运，而是因为找到了"门当户对"的客户。

那么，对不同企业来讲，什么样的客户才算是"门当户对"的呢？

每家企业的资源都是有限的，我们往往会根据目标群体的真实需求去

第三章 第一步 精准识别、锁定客户

做对应的解决方案设计。这样长期专注服务于定位好的目标客户群体，就会更加深刻地洞察客户需求，并能让企业以最小的投入，获得最大的回报和产出，实现高质量增长。

这时，我们就需要理解一个概念：好客户。

实战解析：销售业绩实现的"二八定律"

什么是好客户呢？就是那些能给我们的企业带来的利润多、价值高，但占用企业资源少，给企业带来的风险小的客户，这个概念我希望我们的销售人员一定要深刻地去理解它，因为我们的任何企业资源都是有限的，这个时候我们销售的业绩实现就遵循"二八定律"，如图3-1所示。

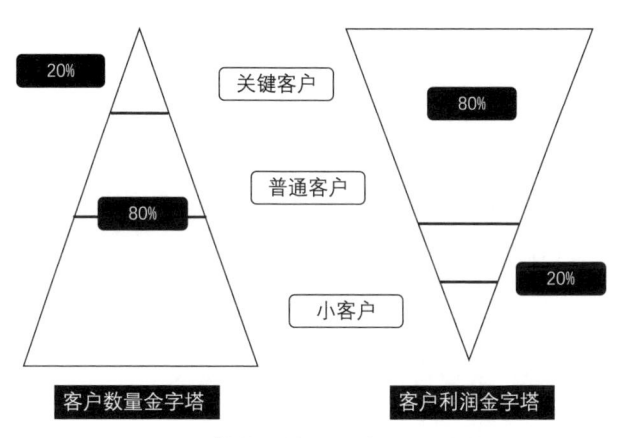

图3-1 销售业绩实现的"二八定律"

（客户数量金字塔：20% 关键客户、80% 普通客户、小客户；客户利润金字塔：80%、20%）

大家从图上也能直观地看到，占比20%的关键客户往往给我们贡献了80%的业绩，我们必须确保服务好这20%的关键客户，才能真正实现销售

业绩的可持续增长。

与此同时，不断以上述"好客户"为样板来更新客户画像，锁定客户做市场开发就成为我们销售人员的最优销售路径选择。

在这里，我想请问大家两个问题：大客户就是好客户吗？小客户就一定是坏客户吗？

其实未必。

如果大客户"店大欺客"，在价格、款期、付款条件等方面以大欺小，不是致力于发展长期合作关系，那这样的大客户并不值得我们追随，真正好的大客户是那些对我们专业定制化服务能力有需求，且愿意建立长期稳定合作关系的企业。

如果小客户是"后起之秀"，企业定位准确，发展思路清晰，未来成长性好，那么即使当下规模不大，假以时日，也可以被扶持成为"好客户"，成为支持我们企业长期发展的中流砥柱。

综上所述，我们销售人员开发客户的第一步，其实应该是先选好靶子锁定客户。为了帮大家更好地锁定客户，在这里给大家介绍一个工具表单：B2B工业企业客户画像表，如表3-1所示。

工具表单：B2B工业企业精准客户画像表

B2B工业企业的客户画像不同于企业在快消品市场上所用的大数据，而是通过我们的实战经验和市场洞察来获取。

第三章 第一步 精准识别、锁定客户

表 3-1 B2B工业企业精准客户画像表

画像要素	选取1个主营业务	参考要素
参照：客户回顾 （至少3条特征）		1.国际/国内 2.头部/腰部/长尾 3.国企/外企/民企/互联网
目标客户是谁？ （尝试用一句话刻画）		4.规模2000万-/4亿/10亿+ 5.大客户/项目型/小客户 6.款期/信誉/价值观/文化等
在哪儿？ （3个以上场景）		人网场景 地网场景 天网场景
时机：如何接触？ （3个以上策略）		销售触达 活动/事件触达 内容触达 搜索触达
客户需求描述		质量、成本、交期 服务、情感、价值观
竞品情况参照		1.优势 2.劣势
尚有不足和策略优化		1.亮点 2.不足

因为在B2B工业企业领域，企业的客户样本量没有那么大，同时他们对我们销售人员的经验提炼要求又较高，所以我们不必兴师动众地用大数据去画像，而是可以以经验中提取需要锁定的目标的信息得到客户画像，就像表3-1那样。

在表3-1中，客户画像被分为6个关键画像要素，下面跟大家详细说明一下。

第一个要素：A，B级客户回顾。

一般企业都会将用户分为A，B，C，D四个级别，A级为企业的最优客户/好客户，B级次之……如果结合前面好客户的概念，给当下已经达

成长期合作的这些客户做分级以后，会发现其中的 A，B 类客户就可以成为我们给客户画像非常重要的模板或者依据。

比方说我们现在回忆一下公司最关键的客户，或者把财务数据调取一下，看看我们的 A，B 类客户在某一个细分市场上有哪些特征。即便在规模比较小的 B2B 工业企业，这个动作也是完全可以做到的。如果 B2B 工业企业销售人员单就自己所负责的辖区市场做分析，也能适用。

以笔者提供咨询服务的金太阳公司举例来讲：

回顾 A，B 级客户的 3 个特征：

（1）付款要在两个月以内；

（2）所需铸件单重在 500kg 到 5t 之间；

（3）国内细分机床领域头部企业或国际高端机床品牌在国内设立工厂。

第二个要素：他是谁？他的标签是什么？

标签化是锁定客户非常重要的一个步骤，可通过客户所在的行业、地域、规模、企业性质，乃至上面提到的账期、信用等特征来刻画，为我们的销售动作树立明确的靶子，尽量瞄得准、打得狠。

举例来讲：铸造涂料及解决方案定制专家鑫工艺（上海）材料科技有限公司华南市场的目标客户标签就是铸钢行业头部客户，那就直接可以把客户清单拉出来。

第三个要素：他在哪儿？

这个要素主要是指目标客户所在的场景。

我们经常会遇到这种情况：在一些大客户业务里，选定一个细分市场，把目标客户的名单都拉出来，然后去研究这样一些符合画像的客户：他会在哪里出现？在什么样的场景下出现，在展会上，在客户的办公室里，还是在行业协会组织的某些活动上？

他出现在这些场景时，我们该怎么办？鱼在哪，我们在哪。

第四个要素：如何接触他？

在这个阶段，我们就去研究用什么样的好方法可以跟他以更低的成本接触。此时，B2B工业企业销售人员就会更加深刻地理解：我们为什么要去参加展会，为什么要去拜访客户，为什么平常在协会和行业的一些活动中，我们不单要露脸，还要去做一些展示，做一些沟通。其实你可以认为这些市场运营的方法，都在为我们的销售工作推进做铺垫。

接下来就要思考：我在什么时候可以接触他？举例来说：我在展会现场见到了他，他可能提到某一个技术难题，那我有没有可能抓住机会，跟他约定在某个时间点由我们的技术、商务一起组成小团队，去举办一次技术交流会，通过技术研讨帮他去解决难题？这样就为我们的销售人员创造了顺理成章推进业务的机会。

第五个要素：如何描述他的需求？

在此基础上，我们要去了解这一类客户的需求是什么样的，然后填写需求描述，再简单分析和整理竞品的情况。

接下来，我们就可以制定相应的营销策略——是销售人员直接切入进去，还是"曲线救国"？比方说：通过发展经销商来快速切入业务；再或者说，我们也可以通过在行业里面的一些活动去建立关系，然后再为销售人员创造机会，切入进去，等等。

当我们能够用已经明确的"好客户"作为模板，来清晰描绘客户画像以后，整个公司的市场营销工作该怎么做，每个 B2B 工业企业销售人员的辖区市场工作该怎么推进，销售动作该怎么落实，就都自然而然地展现出来了。这样是不是就更好打了？这就是客户画像工具表单非常重要的作用和价值。

第六个要素：我们的竞品是什么情况？

在锁定客户后，除了深度了解客户的组织结构、决策机制及各类决策者的真实需求，我们还应该尽可能了解竞品的相关情况，所谓"知己知彼，百战不殆"。在这个客户画像的工具表单中，可以根据每个细分市场的实际情况，来收集和总结竞品的情报作为参考。

B2B 工业企业销售人员可以在此基础上，制定和优化辖区市场的推进策略，完成锁定客户的关键动作。

典型案例：小王师傅带徒弟

最后给大家一个例子，方便大家来理解为什么我们如此强调锁定客户，因为它不仅在我们顾问式销售七步法里面非常重要，而且也是当下专精特新企业销售工作的一个短板。

2022 年初，公司销售部入职了 7 位新人，小王尽管到公司时间不算长，但因为连续几年业绩不错，公司领导有意栽培他，特别安排了两个小徒弟给他带。小王很尽心，根据我们上面所提到的客户画像表，结合他的经验提炼了如下几个要素：（1）行业标签；（2）规模标签；（3）采购习惯和行为标签。具体如下：

第一，他给两个小徒弟讲：公司的皮带接头硫化机系列产品主要是为大型输送带现场做接头，所以主要的客户就分布在电厂、煤炭、钢铁、水泥、港口、造纸等行业。

第二，公司本身是一家美国独资的企业，产品定位于高端品牌。就拿煤矿行业来讲，年产 300 万吨以下的就不必考虑了，因为那就不是你的菜。

第三，根据以往的经验，那些经营理念比较新的，对生产安全和过程稳定性要求比较高的，习惯采购高端设备，且信用好、付款及时的客户要重点关注。

到哪里去接触这样一些客户呢？

小王说：这样一些高端客户，往往是行业里举足轻重的角色，所以，可以通过展会、行业协会、销售拜访等动作，积极建立联系。

如何把握时机，积极与这些客户建立联系呢？

小王说：其实这些客户很大一部分都和我们有过业务往来，客户回访本身就是非常重要的销售方法。另外，随着你在行业内人脉积累得越来越多，熟人介绍的业务往往成功率比较高。再就是作为新人，一定要把握好每次重点行业展会及协会的活动机会，积极与目标客户和相关人员建立联系。

客户需求和竞品情况调研该怎么做呢？

小王说：不同细分市场上的目标客户需求有所不同，所要面对的竞品厂家也有所不同，我们遇到具体问题再具体分析。但总体来讲，我们可以通过自下而上及自上而下两种策略来推进销售动作。

自下而上：从目标客户的采购、技术研发、生产降本增效问题出发，来深入了解客户需求、业务状态等信息，并协同公司技术团队为客户答疑解惑和定制解决方案。

自上而下：从目标客户的高层战略设想及发展期待出发，整合公司内外部资源，帮客户解决问题和提供解决方案。

小王师傅根据他的经验，结合客户画像表，给他的两个小徒弟做出了如何尽快推进辖区市场内销售工作的比较清晰的指引。

深度应用：决策链需求画像

客户画像（personas）的概念最早是由交互设计之父艾伦·库珀（Alan Cooper）提出的。他认为：客户画像是真实用户的虚拟代表，是建立在一系列真实数据之上的目标用户模型。通过用户调研去了解用户，根据他们的目标、行为和观点的差异，将他们区分为不同的类型，然后每种类型抽取出典型特征，赋予名字、照片、一些人口统计学要素、场景等描述，就形成了一个人物原型。

例如：Lida，女，28岁，未婚单身，月收入1.5万元，喜欢阅读，有房贷，爱团购……

有来自铸造行业的销售人员问：我们的客户画像和Lida所代表的形象差太远了，这怎么用啊？

事实上，包括铸造行业在内的B2B工业企业进行品牌营销的许多方法和工具，都是从B2C业务借鉴过来的。他山之石可以攻玉。笔者将工业品

第三章 第一步 精准识别、锁定客户

牌营销体系导入多个行业的B2B工业企业运行实践表明：将客户画像的理念应用于我们B2B工业企业的营销中，实战效果非常明显。

那么，B2B工业企业客户画像对销售人员辖区市场开发到底有什么作用？

首先，客户画像最直接的效用就是将B2B工业企业目标客户群进行标签化。例如，某A客户：跨国集团，在中国已建立机械加工厂，收付款期限符合要求的企业，质量要求高的企业……从B2B工业企业营销过程来看，先瞄准后开枪，靶子越清晰和精准，营销投入产出比就会越高。

其次，客户画像最具突破意义的效用是告诉营销人员目标客户群所在的位置和工作的典型场景，以及我们B2B工业企业如何通过适当的媒介和公关策略为"地面部队"销售人员创造机会和扩大战果。

最后，客户画像最具实战意义的效用是实现"精确制导"——如果以"客户画像"的理念分析B2B工业企业目标客户多人决策链中的每个决策职能，那将对销售人员有立竿见影的指导作用，尤其是对销售新人，如图3-2所示。

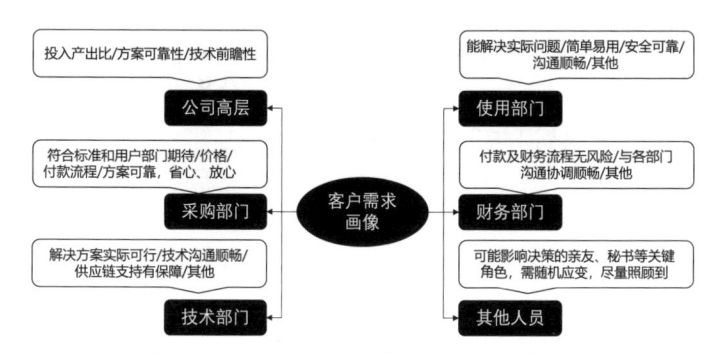

图3-2 B2B工业企业决策链需求画像示例

在B2B工业企业客户的决策链条中，不同的职能对供应商和产品的关注点不同。

例如：采购部门一般最关心供应商的产品是否符合采购标准，是不是跟加工工艺要求或客户需求相匹配；在当前普遍承受市场竞争压力的大背景下，价格和付款条件也是其关注的要点；此外，采购流程是否方便，在环保高压态势下，供应链是否能够保持稳定等因素也越来越成为采购部门关注的焦点。

再如：使用部门一般最关心的是，是否好加工，能不能提高成品率、降低损耗、提高效益，以及是不是简单易用、安全可靠、能比较容易地达到终端用户的要求；同时，如果出现问题是不是能够及时响应并给予足够的支持、沟通是不是顺畅等。

如果是高层，关注的焦点往往会转换到是不是提供了最佳解决方案，是否能够提高投入产出比，为企业创造更多效益，以及这家供应商高层的经营思路和格局，是不是有共赢思维，是否值得长期交往和合作，等等。

因此，B2B工业企业销售人员必须学会"找对人、说对话、办对事"，才有可能在销售工作中如鱼得水，不断创造佳绩。

深度思考："缺订单"的病根

走访过一些中小B2B工业企业，常常听到一个反馈说"缺订单"——老板的口头禅是："谈什么经营管理，说什么方法策略，给我几个订单，一切问题都解决了。"

第三章　第一步　精准识别、锁定客户

真的是这样吗？

很多中小 B2B 工业企业老板，辛苦养着几十、上百号员工，看着几十、上百台设备，一闲下来心里就着急。于是想方设法，拿到一堆良莠不齐的所谓"订单"，白加黑、五加二没日没夜地干，最后却发现利润是负数，竹篮打水一场空。

这到底是为什么？

有微信公众号的文章说：如果单靠把自己忙到头晕眼花的所谓勤奋就能赚钱，那么富士康生产线上的员工就应该是天底下最富有的一群人了，可事实真的如此吗？同样，如果中小 B2B 工业企业老板根本不在乎懂不懂经营管理方法，只是来单就接，埋头生产，天天嚷嚷着提质增效，就能轻松赚钱吗？

B2B 工业行业当下的现实告诉我们：即使是在停产限产的巨大风险下，依然有许多 B2B 工业企业能够把握趋势和方向、理清思路、培养团队，积极从内外部寻求资源支持，持续优化和平衡产能，在共赢前提下提高利润率，实现轻资产快周转，在可预期的将来为客户谋价值、为员工谋利益、为企业画蓝图。

有一个非常经典的问题：到底是先有鸡，还是先有蛋？对广大中小 B2B 工业企业老板来说，他们要思考的问题是：到底先有好企业，还是先有好订单？

在百铸网在河南郑州精心组织的一次专门针对铸造企业的营销培训研讨会上，当笔者讲到 B2B 工业企业转型升级的第一步是通过客户分级管理来对品牌营销体系进行瘦身时，有一位在 B2B 工业行业辛苦打拼 20 多年

的企业家质疑道："杜老师好，您讲的道理我懂，但现在的实际情况是，企业那么多张嘴等着吃饭呢，要做客户分级、做瘦身，是不是得等到不缺订单了，再从中去芜存菁啊？"

相信这位 B2B 工业行业资深企业家的说法也真实反映了大部分中小 B2B 工业企业老板的心声，但事实是，所谓"不缺订单"的这一天，你恐怕永远也等不到。

中小 B2B 工业企业的实际情况往往是：因为综合管理和对订单评价能力的不足而饥不择食，接到很多看上去赚钱，但实际上却亏本的订单。比方说应收账款不能及时回收导致现金流风险，比方说简单凭经验接单，在实际操作中却发现成本远远高于预期，等等，往往做得越多，亏损越大。

如何避免这种情况，确保拿到有钱赚的好订单呢？我们还是要从源头捋起。

啥样的才是好订单？

对中小 B2B 工业企业来讲，思考"啥样才是好订单"的这个过程实质上就是客户画像的过程，有个最简便的方法就是根据企业实际市场运营经验选定分级要素，将现有客户分为 A，B，C，D 四级。A 类客户可以作为画像的原型，来描绘您的企业所对应的"好订单"的模样。

这些客户在哪里？

知道了谁才是我们真正的"好客户"，我们就要认真地做市场调研，了解其行为特征，这样就可以知道到哪里找这些客户了。

我们如何接触他？

知道了我们想要的"好客户"在哪里，我们就可以策划如何"邂逅她"

了——直销是 B2B 工业企业销售工作中最传统的方法，但除此之外，我们还可以通过展会、协会、研讨交流会及其他公关活动方法来与"心仪的她"建立联系。当然，面对更广大的 B2B 工业行业目标受众群，我们还可以采用成本更低的线上线下结合的市场推广方法来实现目标。

综上所述，中小 B2B 工业企业缺订单吗？答案是：真不缺。

举例来讲：2017 年 2 月，在金太阳公司咨询项目外调的过程中，笔者就亲历了这样的场景：因为金太阳公司远远好于其他供应商的 0.8% 的外废率[①]，客户一直追问其最大的产能是多少，希望把 70% 的订单（其余要留给备份厂家来确保其供应链的抗风险能力，这是行业惯例）都转移到金太阳公司来。

中小 B2B 工业企业缺的是有利润的"好订单"，而"好订单"永远都是稀缺资源，客户只会交给懂经营、会管理、讲方法、有策略的好企业。如果您自己没有金刚钻，还想揽到瓷器活，那就只能是"癞蛤蟆想吃天鹅肉"——看得见，够不着。

5 层分解：任务清单和模板

在顾问式销售七步法中，为了让销售人员更加精细化、让团队流程更加标准化，我们可以结合企业自身实际情况，对每一步进行 5 层分解。在表 3-2、表 3-3、表 3-4 中，笔者对第一步——精准识别、锁定客户，做了分解。

---

① 外废率指工业企业将产品交付给客户后发现的废品率。

表3-2 "精准识别、锁定客户"任务清单和工具表单

步骤名称	精准识别、锁定客户
任务目标	完成客户画像并列出细分市场内客户清单
工作清单	1.绘制细分市场沙盘图 2.完成客户画像表 3.目标客户清单 4.获客策略地图 5.开发路径地图 6.月/周/日行动立项表
工作难点	1.行业基本情况复杂 2.细分市场情况复杂 3.行业基础知识匮乏 4.根据预计成交时间和成交可能性将用户线索分类
实战技巧	1.行业市场九宫格 2.精准获客36招 3.细分市场沙盘图 4.目标客户画像技巧 5.市场容量及客户清单
工具表单	1.细分市场沙盘图 2.客户画像表 3.客户清单表 4.开发路径图
实战案例	B2B工业企业营销团队共创提炼
备注	本工具表单仅供参考，受篇幅所限，内容较少，若需要更多相关表单和技巧课程，请登录工业品牌营销研习社网站（www.b2byingxiao.com）

表3-3 B2B工业企业销售辖区市场沙盘模板

提炼：选定你的目标市场，绘制市场沙盘	
选定1个目标市场	
目标客户群	
竞争对手	
供应商/合作方	
行业协会	
地方商会	
主管部门	
意见领袖	

第三章 第一步 精准识别、锁定客户

续 表

提炼：选定你的目标市场，绘制市场沙盘	
行业媒介	
高校/设计院	

表 3-4 B2B工业企业销售精准获客的3类45种方法

全网精准获客	线索来源与获客方法	方法概述
地网 （23种）	老树发新芽，内部挖潜	接手辖区市场时，从公司内部获取目标客户的线索信息 把原来流失的客户转化回来
	服务老客户，更新购买	通过服务老客户，获得新订单（包括复购、新增购买等）
	拜访老客户，推荐购买	通过拜访老客户，获得其推荐和转介绍的新客户线索
	售后巡访获取新线索	参与公司组织的定期售后巡访活动，获得新客户线索
	资深引路人，精准打击	针对特定目标客户，找到公司或行业内的资深人士，请其转介绍和推荐
	与非竞争销售人员互助合作	同一家客户的其他供应商的销售人员，如果和B2B工业企业的销售人员之间没有竞争关系，则可以互助合作，赢得更多业务机会
	发展内部线人，获取信息	通过发展目标客户企业内部的"线人"关系，来帮助搜集客户需求信息，把握销售促进的时机
	参加展览会，获取线索	参加展览会是比较传统的B2B工业企业获客方式，不仅要"守株待兔"，还要主动出击
	行业论坛、年会等活动	通过行业协会、行业媒体、主管部门等机构组织的论坛、年会等活动获客。如果已经是行业内比较知名、有一定规模的公司，亦可自行组织，以精准获客并提升公司在行业中的地位和销售背书能力
	参加行业协会，获取线索	行业协会是优秀B2B工业企业相对聚集的场景，如果能融入目标客户所在的圈子，则对精准获客和营销工作开展大有裨益 特别值得注意的是：当下有很多细分领域可能没有对口的行业协会，但往往都有很多行业网站和行业社群，B2B工业企业销售人员也可以充分利用起来

· 075 ·

续 表

全网精准获客	线索来源与获客方法	方法概述
地网 （23种）	设计院等第三方机构推荐	类似设计院等第三方机构的指定和推荐，在建筑、工程、汽车、电力等领域非常重要
	行业媒体购销对接会获客	行业媒体（杂志、网站、自媒体等形式越来越多样化）本身是行业资源的聚集地，很多优秀的行业媒体通过组织购销对接等活动服务产业链客户，是B2B工业企业很好的精准获客途径
	技术交流会，获取新商机	B2B工业企业的产品往往专业性强、技术含量较高，因此可以组织业界专家和潜在客户来参加技术研讨会，通过现场演示、专家研讨、专家演讲等形式，吸引和转化优质客户
	发展当地经销商，快速突破	面对B2B工业企业，客户要考察的不仅是产品本身，还有供应商的长期服务能力。因此，B2B工业企业往往需要较长的时间才能让市场接受。要在全国市场上迅速拓展业务，发展当地经销商是比较好的方法，能快速实现市场突破
	组织线下沙龙、讲座	B2B工业企业的产品和服务往往专业壁垒高，通过销售人员一对一沟通的成本也很高，那么，组织线下沙龙、讲座，可以通过一对多的形式，以低成本、低门槛的方式吸引精准客户来参加，实现精准获客
	从招投标网站获取线索	通过中国政府采购网、中国采购与招标网、中国国际招标网、中国建设工程招标网、烟草行业招投标信息平台、中国电力招标网、千里马招标网等全国、地方、行业型平台来获取线索
	通过行业杂志、报纸获取线索	B2B工业行业杂志、报纸长期运营后所积累的行业资源非常丰富，若善加利用，可以获取到业界标杆企业的线索和资讯
	通过行业网站获取线索	B2B工业行业网站往往是业界比较活跃的目标客户资源聚集地，是精准获客的又一个重要场景
	借助搜索引擎获取线索	B2B工业企业可以通过SEO/SEM在搜索引擎获得目标客户线索
	购买第三方数据获取线索	可以通过海关数据、企业名录等，也可以通过企查查、天眼查等第三方平台获取线索查询

第三章　第一步　精准识别、锁定客户

续　表

全网精准获客	线索来源与获客方法	方法概述
地网（23种）	接听电话，慕名而来的客户线索	B2B工业企业在业界经营多年，很多客户可能会通过产品外包装、其他客户转介绍等渠道慕名而来，以这种方式获得的客户线索精准度高，要注意接听电话和设置专人处理
	寄送资料，客户陌拜获得线索	有些B2B工业行业相对传统，对新媒体工具应用少，也可以采用快递等形式寄送产品和公司介绍资料，然后由销售人员跟进拜访
	短信、邮件群发获得线索	有些B2B工业企业产品和服务相对简单，如想大面积铺开市场，也可以尝试用短信群发、邮件群发，甚至机器人客服做大量的获客工作。但产品和服务专业性较强、客户信任要求高的B2B工业企业要慎用
人网（13种）	朋友圈，做最好的自己	朋友圈是销售人员自我展示的重要平台，B2B工业企业的产品和服务，也可以借助朋友圈来精准获客，由于微信好友会长期关注，能链接的客户精准度高和信任度都比较高
	微信群，弱关系管理神器	"同道为伍"是微信群的一大特点。使用微信群，可以让B2B工业企业销售人员的业务社交圈子迅速扩展，为B2B工业企业获取商机和线索
	微信公众号，低成本做内刊	微信公众号是当下B2B工业企业对外发布信息的重要平台，能给公司的"铁杆粉丝"——内部员工、客户及潜在客户、渠道商、业界各类合作伙伴等低成本发布信息，算是低强度的私域服务和引流获客工具。微信公众号也能为B2B工业企业销售人员背书
	微信视频号，B2B工业企业的"电视台"	视频的表达更加生动、直观，迎合了当下人们接受信息的行为习惯。视频号是微信生态中与目标客群沟通的重要工具，也是B2B工业企业销售人员精准引流获客的好工具
	云端企业学院（小鹅通等）	"企业学院"是B2B工业企业服务于客户的专业性较强的平台，既能给老客户提供增值服务和促进其升级认知，也能面向新客户引流获客。当下，云端企业学院投入小、门槛低，中小企业都能用

续 表

全网精准获客	线索来源与获客方法	方法概述
人网 （13种）	云端行业论坛（腾讯会议等）	以往都是大企业或机构平台才能做行业性的论坛和高端峰会等活动，用来提升B2B工业企业行业地位和引流获客，但现在有云端行业论坛，即便是中小企业，也可以四两拨千斤了
	云端企业家私董会（腾讯会议等）	以往都是通过线下"重量级"活动来深度服务"小B"客户或者大量渠道商，进行促单和转化，而现在可以通过云端企业家私董会来做，投入不大，但沟通范围更广，收益明显
	在线高端访谈获客	在线高端访谈，内容更生动、更接地气。行业意见领袖往往有非常好的引流和背书作用，值得B2B工业企业在销售精准获客和促销转化阶段应用和探索
	在线知识讲座获客	在线知识讲座在近几年已经成为比较成熟和传统的知识分享方式，也是非常重要的精准引流获客方法
	钉钉生态获客	钉钉生态聚集了大量B2B工业企业，对B2B工业企业引流获客来讲，也是非常重要的资源聚集地
	抖音运营获客	随着抖音、快手等直播平台的兴起，很多B2B工业企业也通过这样一些平台进行推广和获客。"鱼在哪，我们就应该在哪。"只要核算好投入产出就好
	头条运营获客	头条算法精准，对存在于细分市场领域的B2B工业企业来讲，也是一个很好的获客方法
	知乎运营获客	知乎等平台聚集了各行各业的专家和资深职场人，在用户进行深度知识获取方面有较大的优势。B2B工业企业可以通过类似的平台低成本建立"专家"信任，并精准引流获客
天网 （9种）	官网，再省也不能省的门面	对B2B工业企业的目标客户和业务合作伙伴而言，官网是重要的信息获取来源，因此，做好官网的优化和SEO工作，非常重要
	在10个及以上平台进行软文发布、内容引流	在B2B工业企业的PC端市场推广工作中，软文发布是一项需要持之以恒才能见成效的工作，为了让品牌接触点能尽可能覆盖到更多目标客户群体及相关合作伙伴，建议选取最匹配的10个以上平台来做发布（太多了工作量太大，对一般B2B工业企业来讲也没必要）。常见的主要有：公众号、头条号、百家号、企鹅号、新浪看点、微博、网易号、搜狐号、一点号、简书、小红书、大鱼号、豆瓣、知乎等

第三章　第一步 精准识别、锁定客户

续　表

全网精准获客	线索来源与获客方法	方法概述
天网（9种）	在30个及以上行业网站覆盖引流	B2B工业企业产品和服务信息的大量发布，能够起到对热点关键词全面覆盖的作用，让目标客户和相关合作伙伴尽可能在第一时间发现和接触，并吸引他们进入私域商机池和线索池。例如，从阿里巴巴、搜了网、慧聪网、北极星电力网、机床商务网、洲际铸造网等平台引流到B2B工业企业私域
	百度系平台展示引流	百度系平台包括百度搜索、百度百科、百度知道、百度贴吧、百度文库、百度视频、百家号、百度经验等，是B2B工业企业引流获客的重要来源
	头条系平台展示引流	头条系平台包括今日头条、今日头条lite版、西瓜视频、火山小视频、抖音短视频等，其流量较大，算法精准，也是B2B工业企业引流获客的重要来源
	视频等多媒体引流获客	B2B工业企业产品和服务信息的视频化表达是大势所趋。视频更能吸引目标受众，给目标受众留下深刻的印象、良好的体验。当前比较主流的视频网站有爱奇艺、秒拍、哔哩哔哩、搜狐视频、抖音、快手、腾讯视频、美拍、微信视频号、多多视频、西瓜视频、好看视频、火山小视频、皮皮虾、梨视频、优酷视频、芒果TV、央视频等。B2B工业企业可以通过在上述视频平台上发布企业和产品信息来引流获客
	付费软文引流获客	由专业的第三方公关和媒体代理机构提供大量媒体资源，涵盖网络媒体、垂直媒体、官方媒体、自媒体、双微平台、纸媒、客户端媒体以及海外媒体等。通过这些媒介发布信息，会让更多的客户知道并信任B2B工业企业，在有需求时联系B2B工业企业。B2B工业企业在发布重要活动信息时，也可以考虑采用付费软文等形式来放大声量，在更大范围内引流获客

续 表

全网精准获客	线索来源与获客方法	方法概述
天网 （9种）	SEO/SEM搜索引擎运营获客	SEO是指通过站内优化，比如网站结构调整、网站内容建设、网站代码优化等，以及站外优化，比如网站站外推广、网站品牌建设等，使网站满足搜索引擎收录排名需求，在搜索引擎中提高关键词排名，从而把精准用户带到网站，获得免费流量，产生直接销售或品牌推广 SEM是基于搜索引擎平台的网络营销，利用人们对搜索引擎的依赖和使用习惯，在人们检索信息的时候将企业信息传递给目标用户。让用户看到企业信息，并点击企业的广告，最终和企业产生联系或下单
	信息流广告投放获客	信息流广告是出现在社交媒体用户好友动态中的广告。其他付费推广包括谷歌、百度关键词付费推广，信息流付费推广，网盟付费推广，DSP付费推广等。B2B工业企业可根据业务特点做选择和探索，基本原则是把握好市场投入和产出
备 注		随着互联网技术的蓬勃发展，数字化营销工具的日趋成熟，以及B2B工业企业客户需求升级、关键决策者和采购人员获得信息的方式的嬗变，B2B工业企业销售精准获客的渠道和方法在不断增加，并迭代升级，根据企业资源条件和团队能力来选择适合的方法即可。适合的，才是最好的

本章小结

"万丈高楼平地起"——再次跟大家强调一下，精准识别、锁定客户在我们销售工作中是一项貌似非常基础，但却影响全局的工作。

我们可以利用本节中提供给大家的客户画像工具表来帮助公司瞄准目标客户，矫正公司航向。毕竟，谁是我们真正的"好客户"，是公司的战略问题！B2B工业企业销售人员也可以应用客户画像工具表，来梳理自己辖区内的市场开发思路，制定营销策略。

下一章，我们将要和大家一起分享顾问式销售七步法之第二步——大巧若拙、建立信任。

第四章
第二步 大巧若拙、建立信任

我们平常总说：B2B 工业企业营销赢在信任，那么我们该如何跟客户更快地建立关系、建立信任，从而让我们的销售进程能更快地推进呢？

下面我将跟大家一起来分享与目标客户建立信任关系的高效方法。

场景故事：华北大区销售冠军老贾

首先跟大家分享一个真实案例：老贾是某知名挖掘机企业的华北大区销售经理，为人木讷，人多时说话都会脸红，但恰恰是这样一个人，常年位列整个华北大区的销售冠军。而且，老贾不仅在同事的心目中是个热心肠的老大哥，在客户心里也同样是值得信赖和托付的人。

很多人都好奇：他是如何成为销售冠军的呢？

他的上级主管王总给我们剖析道："老贾这个人，心里有客户，所以特别容易跟客户建立信任关系。"为什么这么说呢？王总举了个很细节的例子——

其他销售人员去拜访客户，总是会习惯性地掏出名片递上，然后跟客户介绍产品、介绍公司等，但老贾不是，每次去现场，他总会带着水、揣着烟。

到了客户那里，老贾也并不急于推销产品，反倒是很乐意和师傅们聊聊家长里短，第一次见面总会给司机师傅递烟递水。

"师傅好，忙了半天了，抽支烟吧。"

"师傅好，你看这天可真热啊，停会儿喝口水吧。"

师傅们也比较容易接受这种方式，就会愿意停下来聊几句。聊着聊着，老贾就会跟师傅们聊起业务的事情——

例如：现在的工作怎么样，设备使用效率怎么样，等等。老贾本身很专业，又在行业里浸淫多年，总能给师傅们提出贴心的方案，想方设法帮他们多赚钱，少花冤枉钱。

师傅们觉得老贾人实在，没那么多套路，再加上老贾本身在业内干了十多年，对使用挖掘机的师傅们日常所面对的问题很熟悉，解决问题又很热心，所以，后面的合作就变得水到渠成、顺理成章了。

或许就是从这样一个个非常细小但用心的举动开始，老贾成了客户的贴心人。客户愿意跟老贾多聊聊，在聊的过程中，彼此建立了信任关系，达成了共识，促成了业务合作。

其实，类似这样的细节，并没有什么特别让大家觉得惊艳的地方，但恰恰是这样的细节，说明老贾这样的B2B工业企业销售经理心里有客户，愿意去理解客户的难处，愿意帮助客户解决问题，所以才更容易跟客户建立信任关系，让业务合作变得水到渠成。

大家有句戏谑的话叫：自古真情留不住，唯有套路得人心。

第四章　第二步 大巧若拙、建立信任

这句话其实是站在我们自己的角度说的——我们觉得自己付出了真情，就要获得正向的反馈，但可能根本没有顾及对方的感受。你所谓的真情，要对方感受到了才算。

在销售领域，所谓"套路"，恰恰就是像老贾这样"心里有客户"的销售冠军经验的提炼和升华。一般的销售人员，之所以做不好，往往是因为误解了"套路"的内涵——想用学到的三招两式去"套路"客户，做一锤子买卖。这样当然做不好，还很可能被客户看不起。

老贾的成功恰恰就是因为悟到了销售的本质就是价值沟通。用心去体察客户的问题和其对发展的期待，并从专业角度为其匹配最优解决方案，才能实现共赢合作。

因此，心里有客户，恰恰是建立信任关系的基础。能对客户的难处和期待起心动念，就是形成长期共赢合作关系的最佳契机。

老贾的成功，并非偶然。那么，是否可以提炼出与客户快速建立信任关系的"套路"呢？

实战解析：快速赢得客户信任的PCC方法

这里给大家总结了这样一套PCC方法，如图4-1所示。就像前面讲到的B2B工业企业营销赢得信任一样，我们发现信任可以被分解成3层。

P —personality 人品

C —certificate 资质认证

C —case study 案例和业绩

图 4-1　B2B 工业企业销售快速赢得客户信任的 PCC 方法

第一层：人品

销售人员是 B2B 工业企业与目标市场连接最重要的品牌接触点——在客户的心目中，你是什么样，公司就是什么样。所以，好的人品，是与客户建立信任关系的基石。

像我们在本章案例中提到的销售冠军老贾，他在待人接物时，能够和客户比较快速地拉近距离，建立起信任关系；在后续的沟通和交往中，能够让客户觉得专业、可靠，愿意信赖和托付；在长期的合作关系中，他能够做到讲诚信、有担当，让客户乃至辖区市场都认可。这些都建立在他良好的人品基础上，因此，人品在 B2B 工业企业销售工作中，尤为重要。

第二层：资质认证

在客户能够信任你，起码是接受你的人品的基础上，你是否能理解客户的真实需求，有没有能力为客户提供最优解决方案，是客户要重点考察的内容。此时，你需要对你所试图给客户呈现的价值提供证据——资质认证。

第四章 第二步 大巧若拙、建立信任

资质认证不仅是产品和解决方案专业能力的体现，有时也是合法合规性的证明。B2B工业企业在日常工作中要不断积累和强化，将企业的资质打造成强有力的销售工具，帮助销售人员尽快和客户建立信任关系。

第三层：案例和业绩

这个是考察什么呢？考察公司的系统能力。

客户在B2B工业企业进行采购时，买的不仅是有形产品本身，还包括大量的专业技术支持和定制化服务。优质的大客户，往往都希望与供应商建立长期稳定的合作关系，而不仅仅是做一单交易。

因此，考察公司的系统能力就显得尤为重要。

所以，从总体上来讲，PCC主要是通过3个层次来帮助销售人员和客户更快地建立信任关系：第一层是你的销售人员是不是靠谱，第二层是你的产品是不是靠谱，第三层是你们公司的系统能力是不是能够被客户所信赖和托付。

工具表单：快速赢得客户信任的8类工具

那么，基于PCC方法，我们是否能借助一些工具或方法来赢得客户的信任，让客户愿意把业务托付给我们呢？下面我给大家总结了8项平常能用到的工具。这些工具在销售过程中，可以根据不同销售步骤的需要来使用。

表4-1总结了快速赢得客户信任的8种工具，可供B2B工业企业营销

部门进行团队共创时使用。

表 4-1 快速赢得客户信任的 8 种工具

工具类型	实战举例
典型案例	
标杆顾客名单	
客户证言	
从业资历	
权威认证/荣誉	
统计数字	
原厂背景	
品牌故事	
其他	

第一项：典型案例

选择典型案例时，可以总结有哪些经典的应用案例，用的情况怎么样，当时客户面临什么难题，你们是怎么帮他解决的，最终成效如何，等等。

第二项：标杆客户名单

我们公司都做过哪些行业标杆客户？这些客户选择我们公司的产品和服务一方面说明了我们公司解决方案的成熟性、前瞻性，另一方面也说明了我们公司的专业实力和行业地位。如果能够再结合我们公司的一些案例故事，讲给客户听，还会形成很好的背书作用。

第三项：客户的证言

某些在业界有较大影响力的客户的现场使用报告、感谢信、成果鉴定报告等资料，会是非常鲜活的证据，能快速引起客户的兴趣，推动信任关系的建立过程。如果这些资料能通过图片、音频、视频等形式进行展示，可信度就更高了。

第四项：从业资历

对工业企业来讲，做得久很重要——这说明企业对客户需求的了解更深入，对客户问题的理解更清晰，也说明其产品和解决方案因久经考验而更值得信赖和托付。因此，从业资历是非常重要的工具，可以帮助我们尽快与客户建立信任关系。

第五项：权威认证/荣誉

权威认证和荣誉是对B2B工业企业多年在业界发展所取得成绩的肯定，也体现了行业对企业的认可，彰显了企业的行业地位和专业实力。

对客户而言，通过权威认证和荣誉能感受到企业的系统能力，从而坚定与企业发展长期共赢合作关系的信心。

第六项：统计数字

定性描述的证据能让客户感知到与我们合作的潜在收益，而定量描述则让客户更直观地体会到与我们合作可能会获得的价值。例如：不同解决方案之间的投入产出统计数字对比、行业内关键指标数据呈现等。

第七项：原厂背景

如果您的企业有大厂背景，或者本身就是大厂的经销商，这时您就可以用原厂的背景背书，让客户更放心，加快信任关系的建立。

第八项：品牌故事

"没有谁能随随便便成功。"对 B2B 工业企业来讲，尤其如此。

每一家优秀工业企业的成长都经历了数不清的艰难时刻，一步步奋力攀登、披荆斩棘才取得如今的成就，因此，撷取发展历程中的一些精彩片段就足以构成动人心魄的品牌故事。

在销售过程中，由我们销售人员将这些鲜活而生动的品牌故事择机讲给客户听，会比较容易跟客户建立信任关系——因为这些带着烟火气的故事，往往能令客户感同身受。

以上是 B2B 工业企业常用到的能够跟客户快速建立信任关系的 8 项工具，将来您可以根据自己所负责的产线，把这些信息资料都整理起来，从而跟客户快速建立信任关系。

典型案例：萧爱同煤集团项目

举一个例子：这个例子来自加拿大萧爱工业有限公司（下文简称萧爱），它是世界领先的输送带接头硫化与皮带维护专家。

在同煤集团东周窑输送带硫化机项目上，萧爱主要是希望向客户说明萧爱在整个输送带接头硫化领域的顶尖技术服务能力和企业实力，从而尽

第四章 第二步 大巧若拙、建立信任

快与客户建立信任关系，推动销售进展。如图4-2所示。

【案例】同煤集团东周窑输送带硫化机项目

世界领先的输送带接头硫化与皮带维护专家

同煤集团东周窑煤矿地处山西省大同市西北部左云县境内，可开采储量13.56亿吨，设计年生产原煤1000万吨，矿井服务年限96.8年，为山西省千万吨级大型煤矿之一。东周窑煤矿主斜径皮带采用ST7000钢丝绳芯带，宽1800mm，长3.6km，厚度达35mm，为目前我国强度等级最高、皮带厚度最大的矿用输送皮带。

该SV14P33186型硫化机代表了我国输送带接头硫化设备应用的最高水平，标志着我国煤矿机械化应用水平的进一步提高，为未来大幅提高采矿能力，采用更高运量、更高等级输送带提供了有力保障。

图4-2 萧爱同煤集团东周窑项目案例示意

案例里面重点突出东周窑煤矿主斜径皮带采用ST7000钢丝绳芯带，宽是1800mm，长是3.6km，然后厚度达到35mm。这是当时我国ST强度等级最高、皮带厚度最大的矿用输送皮带。

萧爱主要想从两个方面来跟客户进行价值沟通，以期赢得客户的信任。

第一，从技术上来讲，在主斜径皮带采用ST7000这种强度，输送机皮带硫化厚度达到35mm的工况条件下，顺利完成热硫化接头的难度是非常大的。但萧爱在包括东周窑在内的多个项目中都已经成功实现，技术实力一流。

更进一步，目前也只有萧爱能通过它三位一体的加热板、一次成型的水压袋，在这么大的厚度、这么高的皮带强度要求下，保证输送带热硫化接头的质量。所以，从技术上来讲，同煤集团东周窑项目是非常好的一个例子。

第二，不单单是在东周窑这样一个硫化项目上，萧爱能够做到在这样高难度的技术要求下，保质保量地完成输送皮带的现场热硫化接头，而且放眼全球，萧爱也完成了很多高难度技术要求，成功打破现场输送机皮带热硫化接头作业任务的行业强度纪录。譬如，全球第一条矿用输送机皮带强度等级超过ST10000的热硫化接头项目案例就是由萧爱在智利的一家铜矿中完成的。

这样的案例主要是向客户证明：我们不单从产品解决方案上是能够胜任本项目、值得被信赖和托付的，而且从整个公司来讲，无论是资源和系统能力，还是技术支持能力都足以支持我们为客户提供最优解决方案，是客户的最优选供应商。

也希望能借助案例传达给客户足够的信心——萧爱作为世界领先的输送带接头硫化与皮带维护专家，不仅有最先进的技术能力，也有整合全球资源、深度服务客户的能力，是能够让客户放心和安心的。

总结一下：上述案例从典型案例、标杆客户、统计数字、原厂背景等多个维度进行了论述，以期在目标客户心智中建立起技术实力过硬、公司服务可信赖的形象。

深度应用：用微信建立信任

在B2B工业企业营销实践中，我们还发现了一些销售工具。例如，图4-3给大家呈现的"微信三件套"：朋友圈、微信群、公众号。

现在大家几乎天天都会面对它们，对不对？你能想象它们会成为最好用的 B2B 工业企业销售工具吗？

最近几年，我们越来越发现"微信三件套"变成了我们跟客户快速建立信任关系的非常重要的销售工具。

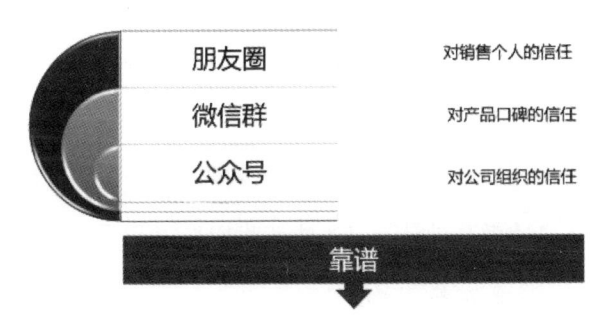

图 4-3 "微信三件套"——B2B 工业企业销售建立信任的重要工具

首先，我们来看朋友圈。

朋友圈是 B2B 工业企业销售非常重要的个人展示窗口，也是非常好的信任背书工具。以前，我们总说：路遥知马力，日久见人心。但现在，认识和了解一个人，根本不需要那么久——当你加了一个人的微信，打开他的朋友圈看一看，你就能大概了解这个人：他的脾气秉性怎么样，他的爱好、他的志趣在哪里，对不对？

反过来想：我们作为 B2B 工业企业销售人员，应该给客户呈现一个什么样的自我？该怎么做，客户才觉得我们是靠谱的、稳定的、专业的，值得他信赖和托付的呢？

事实上，对 B2B 工业企业销售人员来讲，我们的朋友圈已经不可避免地成为个人人设或者说个人品牌打造的一个非常重要的舞台，必须引起足够的重视。

其次，我们来看微信群。

对B2B工业企业来讲，微信群是线上客户运营最重要的工具之一。

它能帮我们以低成本建立起"商机池"，能够帮我们做日常行业内或辖区市场内的资源整合和市场运营工作；它也能成为B2B工业企业销售人员辖区市场运营的"客户池"，激活老客户、促进客户复购和转介绍，并发展和升级客户关系；微信群是从弱关系到强关系的孵化器，它能对B2B工业企业的产品口碑做高效传播，还能帮我们赢得和强化目标客户的信任。

最后，我们来看公众号。

微信公众号发布的公司重要信息，如行业标杆项目、新项目开工、重要客户和领导来访、公司获奖和重要资质取得、内部重大活动、外部公关信息等等，都可以变成B2B工业企业销售人员个人背书和信任加持的重要工具。

有人担心：朋友圈还好说，微信群和公众号让B2B工业企业销售人员怎么操作呢？其实，不必担心——

关于微信群，如果是可以通过社群维护的长尾客户或经销商客户，就可以直接用来展示产品信息，实现促进口碑传播的目的。如果是大客户或项目型的业务，就用微信群来做维护业界人脉关系的工具，达到促进个人和公司品牌传播的目的。

关于公众号，B2B工业企业销售人员可以以朋友圈为载体，转发和引用公司公众号的内容，起到给自己背书的作用。

现在，我们再来回头看"微信三件套"——可能很多人原本以为它们

第四章　第二步 大巧若拙、建立信任

只不过是日常沟通工具而已，但我们把它们应用到了 B2B 工业企业顾问式销售过程中去就会发现，它们对我们的销售工作，尤其是对我们 B2B 工业企业销售人员的辖区市场开拓工作会有非常大的促进作用。

深度思考：请客吃饭的根源

一提起用户体验，大家往往首先想到的就是日常消费品的用户体验，那在 B2B 工业企业品牌营销中，也要考虑用户体验吗？答案是：Yes！

传统工业企业，尤其是制造类企业，随着公司规模的不断扩大，职能划分越来越细。其本意当然是希望每个职能都更加专业、更加有战斗力，但事与愿违，实际情况却是机构越来越庞大，感知用户真实需求的能力越来越弱，相关部门的协调也更加困难，导致用户体验成为工业品市场运营中的一大瓶颈。

以往，我们通过满意度反馈表、现场技术交流会、市场调研及销售人员和技术人员走访来了解用户的使用体验，这些方式效率低且成本高，往往流于形式而走了过场。

而微信的出现，有望改变这种局面，让用户的反馈更容易被工业企业感知，让工业品牌营销也变得可互动。

微信更擅长客户维护和服务

相比微博的自媒体功能，微信的长处不在于扩大品牌知名度，而在于维护、服务和转化。

第一，微信朋友圈是个相对封闭的圈子，适合交流情感、沟通体会，却不宜传播太多商务化的信息。即使转发，也是在利用"熟人关系"进行客户转化。

第二，微信公众号是个相对专业的互动平台，工业企业建立这样的平台，其功能定位应该是用户维护、服务和沟通，而不是市场推广和新客户开发。

第三，微信群是个非常开放的交流平台，其功能丰富，语音、视频、表情、图片、文字都能发。微信群将信息从单向传播拓展到了双向互动，可以深度交流思想，亦可朋友谈天说地，可以主题明确，集思广益，亦可天南海北，神吹海聊，总而言之，微信群是一个非常轻松、易用的平台。这种24小时在线、零距离亲密接触的场景，将深刻改变传统的工业品牌营销流程乃至生态，真正体现互联网思维。

微信及移动新媒体将逐渐改变工业品牌营销思维方式

1. 移动端互联网的普及率远远高于PC端

中国互联网络信息中心数据显示，截至2022年6月，我国手机网民规模为10.47亿，较2021年12月新增1785万人，网民中使用手机上网的比例达到99.6%。在以往工业品牌营销中，众多目标受众对互联网信息接受的瓶颈被轻松突破，"指尖上的销售"已经不再只是梦想，分分钟就能实现。

2. 媒体的去中心化使碎片化信息接收模式成为新常态

无论喜欢与否，信息的碎片化已是大势所趋。PC互联网时代，信息大爆炸，企业或许还能借助主流媒体、搜索引擎和各种入口聚集眼球和能量；而移动互联网时代，传统意义上的单向输出媒体必将走向没落。理论上讲，众生平等，B2B工业企业销售是典型的专家服务——请注意，这里强调的不是"专家"，而是"服务"。

3. 信任的建立不靠请客吃饭，品牌的建立将回归价值

即使在今天的B2B工业企业销售过程中，请客吃饭也是最基本的套路，倒不是说谁那么好吃，而是建立信任也需要场景和平台，请客吃饭是相对简单和直接的一种——综合成本最低。而这种建立信任的过程，根本上还是由于信息的不对称性。未来，社交沟通将越来越便利和简单，建立信任的平台也不再只有传统饭局，各种营销手段将层出不穷，只要善加利用这种趋势，就能通过市场运营造势，轻松获得品牌影响力，提高品牌认知度。最重要的是：真正有价值的品牌将更加容易被接受，品牌建立的成本会显著降低。当然，成本降低不是自然而然的，而是要进行专业规划，并持之以恒地执行规划方案。

总而言之，未来世界里，像微信这样可以将人们联系起来的平台，影响的将不仅仅是日常生活与交流，它将会是工业品牌营销的工具、平台，甚至带来一种新的商业生态，让我们拭目以待。

5层分解：任务清单和模板

与客户建立信任是B2B工业企业销售人员工作的重中之重，下面通过5层分解完成第二步——大巧若拙、建立信任。任务清单和模板梳理如表

4-2、表4-3、表4-4、表4-5所示。

表4-2 "大巧若拙、建立信任"任务清单和工具表单

步骤名称	大巧若拙、建立信任
任务目标	与关键决策人建立信任
工作清单	1.访前准备清单 2.客户基本信息表 3.明确客户组织架构及内部分工 4.主要竞品信息表 5.建立信任策略表 6.月/周/日行动立项表
工作难点	1.进门难,寻找对接人 2.找到关键决策人 3.取得决策人信任
实战技巧	1.内部教练18招 2.新销售7种武器 3.快速获得信任的麦肯锡信任公式
工具表单	1.访前准备清单 2.客户基本信息表 3.主要竞品信息表 4.信任建立策略表
实战案例	B2B工业企业营销团队共创提炼
备注	本工具表仅供参考,受篇幅所限,内容较少,若需要更多相关表单和技巧课程,请登录工业品牌营销研习社网站(www.b2byingxiao.com)

表4-3 B2B工业企业销售重点客户拜访ABC自检表

A.是否已经了解客户基本情况?	是/否
1.是否了解客户所在行业的情况和特点,客户在其行业内的地位?	
2.是否了解客户所在单位(公司)取得的成就、可能面临的困难?	
3.是否了解客户所在单位(公司)的组织架构,以及主要相关部门的职责?	
4.是否了解客户所在单位(公司)近期的重大政策、新闻、跟我方产品有关的动向?	
5.是否了解拜访对象所在的部门、该部门的职责、在其内部的地位?	
6.是否了解拜访对象的姓名、性别、职位、职责?	
7.是否了解拜访对象的年龄、性格特点、爱好?	
8.是否了解已经介入的竞争对手的相关情况和动态?	
(尽量充分,如初期拜访不了解,则积极在后面的拜访中了解到,以利销售开展)	

第四章　第二步 大巧若拙、建立信任

续　表

B.是否已经明确了此行的工作目标和动作？	是/否
1.是否已经填写或对照"B2B工业企业销售人员客户拜访流程自检表"？	
2.是否准备好了PPT(公司介绍、产品介绍、方案介绍等)？	
3.是否准备好了客户所在行业的典型案例介绍？	
4.是否打印好了可能签署的销售合同或协议？	
5.是否准备好了整洁、素雅的电脑桌面（桌面不要乱、壁纸不要低级趣味）？	
C.是否已经备齐了此行的各种资料？	是/否
1.是否准备好了合适的礼品（不需要送的可以不考虑）？	
2.是否准备好了公司内刊、关于公司介绍的资料？	
3.是否准备好了载有关于我公司的重要软文的杂志？	
4.是否准备好了第三方权威认证、评测报告等等？	
5.是否准备好了公司各条产品线的产品资料以及技术白皮书（宁多勿少）？	
6.是否衣着得体、仪容整齐？是否将手机调成振动？	
7.其他客户要求提供的资料。	

预祝您马到成功。

表4-4　B2B工业企业销售目标客户基本信息表

基本资料	客户名称		公司性质	
	主营业务		公司规模	
	详细地址			
关键人物	业务对接人1	职位	电话	
	需求/偏好洞察			
	关键人2	职位	电话	
	需求/偏好洞察			
	关键人3	职位	电话	
	需求/偏好洞察			
	关键决策链（组织架构）			
客户评价与态度	使用情况评价			
	对我方的了解			
	对竞品的了解			
后续工作计划	重点突破方向			
	具体采取措施			
备注				

表4-5　B2B工业企业销售竞争对手基本信息表

公司名称		公司性质	
基本注册情况	（1）注册资金	（2）注册地址	
公司背景	（1）股东情况。（2）主要领导的个人情况：姓名、年龄、性别、教育背景、主要的经历、培训的经历、过去的业绩等等。（3）人力资源情况：公司现有员工××人，中高层管理××人，销售××人，市场××人，车间××人，技术服务××人。（4）固定资产和投资总额：公司现有固定资产××，总价值××万元，公司投资总额共计××万元。			
公司内部组织架构	（附图）			
营销体系调研分析	（1）营销团队的组织架构；（2）渠道分布情况和人员配备；（3）渠道管理模式和特点；（4）主要销售区域和市场份额；（5）主要经销商及销售业绩；（6）市场投入方法；（7）售后服务组织			
机械设备和生产	主要生产和装配负责人，主要生产设备、人力资源及外协情况等			
库存和供应链状况	主要产品来源、供应链情况及库存、物流、采购主要负责人和管理流程			
主要产品线	（1）用途、使用范围及优缺点；（2）产品定位与价格；（3）竞争厂家和品牌；（4）销量			
竞争产品线	与本公司产品线形成竞争关系的产品线情况，其优劣势、产品定位与价格、年销量			
公司营销策略评述	【年度报告】综合评价其营销策略和举措，并提出应对措施和方案			
公司竞争力综述	【年度报告】综合评价其公司竞争力，并提出应对措施和方案			

本章小结

著名的麦肯锡信任公式告诉我们：

信任 =（可靠性 × 资质能力 × 亲近程度）/ 自我取向 [①]

在本章一开始的场景故事中，销冠老贾在看似朴实无华的"笨拙"动作中，展现了他可靠、可信、可亲，且能时刻站在客户的角度帮客户发现问题，解决问题的能力，完美地演绎了B2B工业企业销售中赢得客户信任、

---

① 自我取向指一个人以自我为中心的程度。

第四章　第二步 大巧若拙、建立信任

顺利推进业务的过程。

顾问式销售七步法第二步：大巧若拙、建立信任。我们从华北大区销售冠军老贾的故事讲起，提炼出了 PCC 信任模型并做了实战解析，继而用萧爱东周窑输送带硫化机项目做了解读，并通过对微信工具的深度应用和思考来探讨当下 B2B 工业企业销售人员与客户高效建立信任关系的方法和技巧。

在下一章，我们将一起来探讨顾问式销售七步法第三步：深度沟通、洞察需求。

第五章
第三步 深度沟通、洞察需求

我先问大家一个问题：是先有病还是先有药？

你第一反应，肯定是先有病，然后才知道给什么药，对不对？那么我再问你，平常在销售工作中，你是这么做的吗？请先反思一下。

特别多的 B2B 工业企业销售人员在日常销售工作中，心里只有产品，总想通过各种技巧、套路把自己的产品卖出去，甚至在跟客户沟通时候，都压根儿不听客户想要什么。甚至等不及客户去表达他的需求，就开始咣咣咣讲：我们的优势是什么，我们的特点是什么，为什么我们比其他的竞品强，然后不断地王婆卖瓜来呈现我们所谓的优势和自以为的价值，这种情况算不算是先有药？

B2B 工业企业销售人员总试图通过自己的宣传，让产品和服务在客户那里变成包治百病的一款药。

在这里，笔者特别跟我们的 B2B 工业企业销售人员强调：我们的销售动作中，最重要的一步就是洞察需求，一定要先理解客户的问题是什么，"病"是什么，然后才是我们的产品，才是对症下药的"药"。这样有针对性的解决方案才能真正体现我们的专业价值。在客户心智中，这才是差

第五章　第三步 深度沟通、洞察需求

异化，甚至有可能是不可替代的解决方案。

场景故事：老太太买李子的故事

依照惯例，我们先分享一个小故事，将大家带入我们的研讨中。

今天带给大家的是老太太买李子的故事。

老太太来到一个市场上，有 A，B，C3 个摊贩。

她问摊贩 A 说："有李子卖吗？"

摊贩 A 就跟老太太讲："老太太，我们的李子又大又甜，刚摘的，可新鲜了。"结果老太太没说什么，摇摇头走了。

然后老太太又到摊贩 B 这儿，问："有李子卖吗？"

摊贩 B 说："有各种各样的，您想要什么样的呢？"（大家注意，他问了老太太一个问题：您想要什么样的？）

老太太说："要酸的，买 1 斤。"摊贩 B 就把酸的李子称了 1 斤，递给老太太，然后，老太太就走了。

老太太又到 C 摊贩这儿，问道："有李子卖吗？"

摊贩 C 说："有各种各样的，您想要什么样的？"

老太太说："要酸的，买 1 斤。"

摊贩 C 又问她："老太太，人家都要甜的，您为什么要酸的呢？"

你有没有猜到老太太是怎么回答的？这个故事后面会讲什么？

老太太说："我儿媳妇怀孕了，她就特别想吃点酸的，所以我就买点酸的李子给她。"

如果您是摊贩 C，你接下来会怎么跟老太太建议？

摊贩 C 跟老太太讲："原来是这样啊，先得恭喜您，老太太，要抱孙子啦！我在这个社区里卖水果已经十多年了，像您儿媳妇这种情况我见得多了，除了买李子，应该再买一些猕猴桃、柚子、石榴、苹果、小番茄之类的水果。"

老太太一听，有道理啊，就又跟他讲了媳妇的一些情况，然后问："你有什么好的建议啊？"

摊贩 C 就针对老太太说的情况，把猕猴桃、李子等一些水果做成了水果篮，还给老太太分别介绍了这些水果各自有什么特点，在什么时候吃，口感怎么样，产地是哪里，等等。老太太很开心，拎着篮子回家了。

现在，我来问大家一个问题：如果老太太下一次再到这个市场买水果的话，她会找谁？

相信您心里也早有答案，显然，老太太觉得摊贩 C 更专业、更懂她，自然愿意问一问摊贩 C 的意见，愿意在摊贩 C 那儿买对不对？

实战解析：洞察客户需求的 SPIN 法

关于上述故事中提到摊贩 C 的话术，我们在 B2B 工业企业销售工作中，其实也很常用。

下面来给大家介绍洞察客户潜在需求常用的 SPIN 法，我们 B2B 工业企业的销售人员可以用这个工具发掘客户的潜在需求，并将其培养成显性需求。从而促进顾问式销售动作的顺利推进。如图 5-1 所示。

第五章　第三步 深度沟通、洞察需求

S —situation question 状况询问
P —problem question 问题询问
I —implication question 暗示询问
N —need pay-off question 需求询问

图 5-1　洞察客户需求的 SPIN 法

SPIN 工具其实比较简单——

S 是指对当下状况的询问。销售人员往往会根据当下的场景，先问一个开放性的问题，这种问题比较好回答，不至于把天聊死。

P 是指问题询问。销售人员一般会先询问当下的状况，慢慢地引导出存在什么样的问题和痛点。

I 是指暗示询问，销售人员可以了解这个问题背后会造成什么样的不利影响。

N 指的是需求询问，即引导用户，和他一起来探讨解决方案。当然，往往我们所提供的解决方案就是解决客户问题的最优选。

上述四类问题基本上就形成了我们洞察客户潜在需求的 SPIN 法，SPIN 法是 B2B 工业企业销售工作中一个很简单却非常实用的套路。

那么，有人问：在 B2B 工业企业大客户销售和项目型销售的业务里，经常是多人决策的模式，我怎么来应用 SPIN 工具呢？

这是个好问题。确实在多人决策的情形下，不同职能和类别的决策人的诉求是大相径庭的，在这种情况下，我们运用 SPIN 工具就要特别关注

到他们更富细节的需求特征——

图 5-2 中所显示的是 B2B 工业企业销售工作中客户公司决策链上常见的角色：公司高层、采购部门、技术部门，还有财务部门、使用部门以及其他人员，他们的需求各不相同。

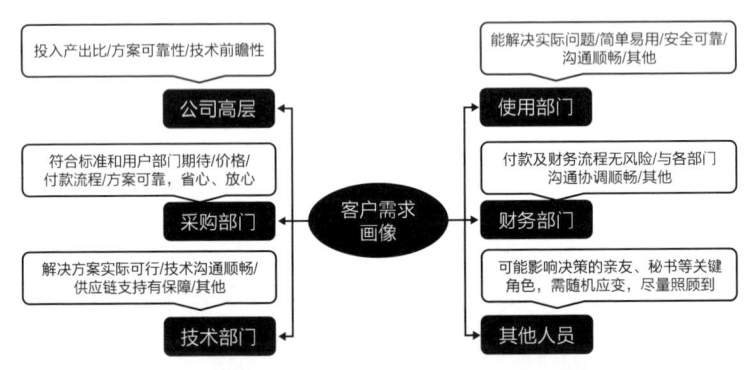

图 5-2　B2B 工业企业决策链需求画像示例

B2B 工业企业销售人员要善于根据不同角色的需求特征来构思洞察需求的问题和沟通的话术——

为了方便大家直接套用，给大家做了如下总结：

作为公司高层，他关注什么？他一般会关注投入产出比、方案的可靠性、技术的前瞻性，主要是从企业经营的角度来考量。

作为采购部门，他关注什么？他关注产品是不是符合采购标准，是不是符合使用者的期待。他不能因为买了我们的东西，却被生产、技术部门的同事埋怨，对不对？然后还有采购的流程是不是方便可靠。他更多的是从职能安全和发展的角度来考量。

作为技术部门，他在乎什么？技术部门当然在乎解决方案是不是实际

第五章 第三步 深度沟通、洞察需求

可行，技术沟通是不是顺畅。如果我们的销售人员不太懂应用场景，不太懂产品技术，那这种情况在他们眼里，就差那么点意思儿了。此外，技术部门还会关注供应链的支持能不能到位，有没有技术服务保障等要素。

使用部门关注什么呢？显而易见，他关注的是能不能解决实际问题，能不能让其工作更加简便，是不是更加容易去操作和使用，以及它是不是安全可靠，沟通起来是不是顺畅。如果你能懂他的应用场景，可能在他眼里就会下意识地觉得你懂行，是自己人，跟你有共同语言。如果不懂的话，人家就觉得你是外行，我们所提供的解决方案的价值就大打折扣了。

作为财务部门，他关心什么？他关注付款及财务流程是不是有风险，与其他部门的协调是不是顺畅。平时很多 B2B 工业企业销售人员在实际工作中可能会忽略财务部门，认为他们对销售进程的推动起不了什么作用，但作为客户公司的重要职能部门，他们不仅会控制采购风险，还可能在将来合作时，把握付款的节奏和先后次序，所以，我们也要关注。

还有其他相关人员，指的是能够影响到决策的其他一些角色。我们也要照顾到他们的诉求，最终争取在这样多人决策的销售过程中，能够团结一切可以团结的力量，一起往前走。如果大家都能支持我们或者起码保持中立，那么我们的销售进程就能够持续推动向前。

工具表单：SPIN 顾问式销售话术

为了方便大家使用，SPIN 顾问式销售话术如表 5-1 所示。

表 5-1　SPIN 顾问式销售话术提炼

提　示	话术提炼
S—情景询问	
P—问题询问	
I—暗示询问	
N—需求询问	
备　注	根据你最熟悉的一款公司产品来练习填写，形成基本话术和套路

虽然不同公司涉及的业务不同，产品和解决方案不同，但洞察客户需求的逻辑和方法是相通的，SPIN 顾问式销售话术提炼表可以帮工业企业把我们销售工作中积累的经验提炼出来，并不断完善和优化。

典型案例：核工牌枸杞色选机 SPIN 法应用

下面举例来跟大家说明用 SPIN 工具做客户需求洞察和引导的方法——

2006 年，我在中核集团理化工程研究院光电所负责核工牌枸杞色选机的销售工作，需要对不同类型的枸杞色选机潜在客户做需求洞察和引导。

在案例分享之前，我先简单跟大家介绍下枸杞色选机，如图 5-3 所示。

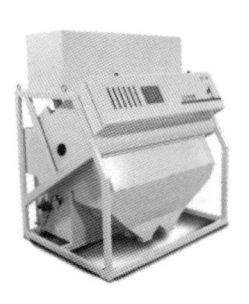

图 5-3　枸杞色选机

| 第五章　第三步 深度沟通、洞察需求

色选机是一种根据颜色来分选颗粒状物料的光机电一体化智能设备，大量应用于大米、葵仁、枸杞、葡萄干等物料的无损检测及分选领域。

在当时的市场状况下，被锁定的目标客户常用的枸杞拣选方式主要有3种：人工拣选、自购色选机做分选、请其他企业代加工。

案例一：针对人工手拣的小企业老板

S：现在你们的货是怎么分选的呢？这是个开放性问题。

如果客户回答说，目前是人工拣选。这个时候第二个问题P就来了。

P：用人工分选的话会不会跟不上出货速度？客户往往也都等着要货，你用人工拣选的话，效率是比较低的，速度比较慢。

I：用人工拣选会不会跟不上出货的速度？那会造成什么坏的结果？如果出货速度慢，您的客户等不及的话，会不会就去找别人家了？

N：如果用枸杞色选机来分选的话，就能大大提高您的出货速度，应该还会有更多客户来您这里代加工吧？那您的收益肯定会高出一大块来，是吧？

在此案例中，客户流失对小企业老板来讲是比较严重的一件事，而小企业老板一旦采购枸杞色选机来分选的话，不仅客户不会流失，而且还会新增业务，迅速提高收益。

所以在一线销售工作中，我们要善于通过这样一套SPIN顾问式销售的逻辑去洞察和理解客户的需求。

从B2B工业企业销售工作的角度来讲，我不是来卖色选机的，我通过理解客户的问题到底在哪里，不断引导客户。最终是用我的专业能力，帮助客户定制最适合他的枸杞高效分选解决方案。

借用本节关于先有药还是先有病的提法，我们可以从客户的"病"出发，根据他的需求配置出对症的解决方案。对他来讲，这是以比较小的投入获得更大的产出，最终达到双方共赢的结果。

案例二：针对自购设备做分选的企业生产或技术负责人

S：这台机器你们是什么时候买的？

P：你们现在的设备有什么问题吗？——枸杞色选机需要不断根据不同批次的物料特性做参数调整，设备使用过程中总会有这样那样的问题，所以，这个问题本身会引发生产或技术负责人的痛点和抱怨。

I：设备总有问题，那你的客户不都跑别人家去了吗？效益不好，大家收入自然会受影响。——把痛点放大或凸显出来。

N：如果设备更给力些，来咱这里加工的客户能更多些吧？加工效益好了，大家的收入就能提高。

在此基础上，引入核工牌枸杞色选机新一代CCD双面机型，其不但色选精度高，拣选效果好，而且专为枸杞行业定制，适应枸杞物料粉尘大的工作场景，性能更稳定，操作更简便。

除此之外，核工色选机三级客户服务体系能随时为客户保驾护航，出现任何问题，工作人员15分钟到现场维护和进行调试，彻底解决设备操作烦恼。

第五章　第三步 深度沟通、洞察需求

案例三：请其他企业代加工的老板或购销业务人员

S：你们现在每天需要多少工人？现在工人也不好请吧？

P：你们现在用别人家的设备分选，效果如何啊？

I：毕竟是别人家的机器，怎么调试也没法自己控制，分选效果不好的话，货价就卖不上去吧？

N：如果自己有设备，分选质量就好把控，好货当然就能卖好价，咱的效益就会立马上个台阶吧？

在此基础上，根据客户的实际加工量和支付能力，帮客户定制最优枸杞色选解决方案，尽量让客户实现以最小的投入，获得最大产出和收益。

深度应用：有痛感才有需求

半年前，A 铸造企业销售经理小赵在一次展会上与江苏南通数控机床采购人员霍经理认识了。经初步介绍，霍经理对 A 企业的铸造技术和加工能力非常感兴趣。其间，小赵还协同公司技术负责人一起去南通厂家与霍经理进行了一次技术交流和沟通。小赵几次邀请霍经理带队来 A 公司参观验厂，霍经理总说有时间就过来，可时间过去半年了，还是没有成行。小赵有点着急：遇到这种情况，我该怎么办呢？是不是哪里没处理好呢？

面对这种情况，很多 B2B 工业企业销售人员会觉得"老虎吃天，没处下嘴"。事实上，遇到这种情况，说明到了我们 B2B 工业企业顾问式销售七步法的第三个阶段了——深度沟通、洞察需求。

什么是深度沟通、洞察需求？

深度沟通、洞察需求就是B2B工业企业销售人员根据所获取的客户线索，顺藤摸瓜，深入了解客户需求、决策链结构和每个关键决策人的态度倾向，并与公司技术人员密切配合，通过发现难点、解决问题、提出更优解决方案、满足客户需求、展示企业实力等方式将销售工作往前推进的过程。

痛点是B2B工业企业客户需求最明显的特征。痛点来自恐惧。客户没有痛感，客户需求就没有紧迫性，就会一直把我们放到供应商信息库里做"备胎"，或许哪天有问题解决不了了才会想起来，那显然是我们B2B工业企业销售人员不能接受的。此时，SPIN工具——表5-2就派上用场了。

表5-2 SPIN顾问式销售话术示例

提示	话术提炼
S—情景询问	霍经理，最近疫情反复，您那里的生产受影响大吗？
P—问题询问	确实，疫情反复给数控机床企业的供应链稳定性带来了巨大的挑战，你们的铸件供应还稳定吧？
I—暗示询问	万一遇上机床铸件供应商一段时间不能按时交付，对咱的生产影响大吗？
N—需求询问	如果能未雨绸缪，早点开发多家铸件供应商，可能就能很大程度上规避这样的风险，对吧？是不是还能显著提升咱在市场上的竞争力？
备 注	SPIN工具的应用可以根据实际B2B工业企业销售场景灵活变化

深度沟通、洞察需求阶段的工作目标是什么？

深度沟通阶段的工作目标是：深入把握客户真实需求，了解决策链结构和关键决策人的态度倾向，并认真制订响应预案，以客户的难点、痛点为切入点，为帮助客户定制产品和服务解决方案奠定基础。

第五章　第三步 深度沟通、洞察需求

深度思考：需求六维度模型

"随风潜入夜，润物细无声。"

客户需求的升级并不是如惊涛骇浪一样扑面而来，而是在潜移默化中深入人们的意识，甚至潜意识，有时甚至连我们自己都无法觉察。

留意下自己的变化：你越来越愿意为 LV、GUCCI 买单了；你越来越倾向于到一家符合自己品位和心情的店铺消费了，哪怕它比同类店贵很多；你越来越能接受为服务花钱了——高铁站越来越多的座椅被按摩椅替换了，街边的美容美甲店如雨后春笋开起来了，价格不菲的培训课程开始多起来了……而这一切，似乎理所当然。

企业客户需求也在升级：在产品稀缺时期，企业关注功能实现，起码能让业务流程正常运转即可；有多家供应商可选的时候，企业关注质量、价格、交期三要素，期待能够采购到性价比最优的产品；而在产品供应充足的当下，客户的需求显然又进一步升级了，理想的供应商是能够长期合作的战略合作伙伴，他们希望在确保质量、价格、交期三要素的基础上，得到更加放心、省心的服务，还期待能获得前瞻性的、专业的、能帮助提升市场竞争力的超额价值。

特别将当下 B2B 工业企业客户需求的六大要素整理如图 5-4 所示。

成长型企业销售部实战全指导

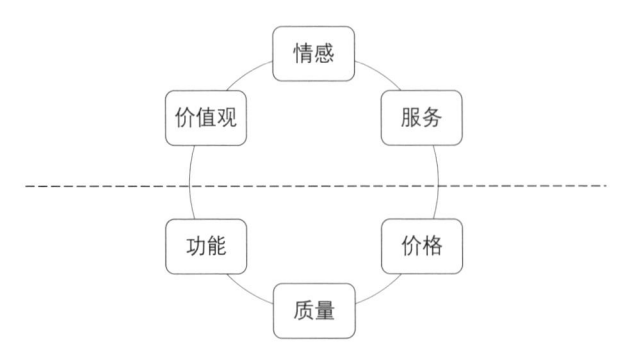

图 5-4　B2B工业企业客户需求的六大要素

功能

功能是指产品能够用来做什么或能够提供哪种功效。这是产品最基本的价值，譬如：杯子喝水的功能、汽车代步的功能、车床加工零部件的功能等等。功能是个基本要素，有和无是客户需求能否被满足的关键。

质量

质量是指产品满足规定需要和潜在需要的特征和特性的总和。如果说功能是用来表征"有和无"，那么，质量就是用来描述"好和坏"。任何产品都是为了满足人们的某种使用需要而产生的，因此，可将反映用户使用需要的质量特性归纳为6个方面：性能、寿命(即耐用性)、可靠性与维修性、安全性、适应性、经济性。质量是客户根据自身需求来选择产品的关键要素。

第五章　第三步 深度沟通、洞察需求

价格

价格是产品价值的货币表现形式。事实上，价格本身也是买卖双方沟通的一种方式：对卖方来讲，是对所提供产品或解决方案价值的诉求和表达；对买方来讲，是对卖方所提供产品和服务价值的感知和认可。价格是买卖双方对产品和解决方案价值的认知沟通要素。

服务

服务是不以实物形式而以提供劳动的形式满足他人的某种特殊需要。在 B2B 工业企业客户需求中，服务是搭载在产品之上的专业服务形式，以交期保障和售后服务为基本表现形式，并根据不同客户的需求进行有针对性的定制，形成多样化、个性化的解决方案。

情感

情感是 B2B 工业企业客户服务过程中一种特有的交互性需求。情感需求的满足往往建立在买卖双方经办人价值沟通过程中信任不断加深的基础上。长期的业务磨合让买卖双方经办人的交往从工作领域向个人生活领域延伸，从工作关系升级为朋友关系，局部实现了让双方都更加省心、放心、安心的双赢高效沟通模式。

价值观

价值观是在人的一定的思维感官的作用下做出的认知、理解、判断或抉择，具有相对的稳定性和持久性。人们常说：三观一致是长期合作共赢的基础。事实上，在 B2B 工业企业客户需求中，客户对供方价值观的重视由来已久——因为只有价值观趋同的两家公司，才有可能在深度互信的基础上，基于各自未来长远发展共同谋求长期合作共赢；作为战略合作伙伴供应商，也才有可能心无旁骛地关注客户长远发展趋势和需求，为其持续不断提供前瞻性的专家建议，提供能够助其提高市场竞争力的超额价值，从而双方都能走上业绩可持续增长的共赢发展之路。

从图 5-4 中，我们发现 B2B 工业企业客户需求升级的路径：从以功能、质量、价格为代表的理性需求，越来越上升为以服务、情感、价值观为代表的感性需求。

与此同时，我们从图 5-4 中还可以发现，上述 B2B 工业企业客户需求的六大要素之间是层层递进的关系，深刻理解这六种需求类型，有助于客户关系的不断优化和升级。

5 层分解：任务清单和模板

与客户进行深度沟通，洞察需求是 B2B 工业企业销售人员工作中的难点和关键点，下面将通过 5 层分解完成第三步——深度沟通、洞察需求。任务清单和模板梳理如表 5-3、表 5-4、表 5-5、表 5-6、表 5-7、表 5-8 所示。

第五章 第三步 深度沟通、洞察需求

表 5-3 "深度沟通、洞察需求"任务清单和工具表单

步骤名称	深度沟通、洞察需求
任务目标	明确客户真实需求
工作清单	1.明确客户当前主要的痛点 2.了解客户相关需求和期待 3.了解友商和客户其他供应商的信息 4.明确客户决策链上不同角色的痛点和难题 5.内部教练策略表 6.制作需求洞察策略表
工作难点	1.找准各环节决策者 2.掌握实际需求 3.掌握竞品情况
实战技巧	1.竞品调研18招 2.教练实战18招
工具表单	1.客户需求信息表 2.需求洞察策略表 3.SPIN工具表 4.多人决策分析表
实战案例	B2B工业企业营销团队共创提炼
备注	本工具表仅供参考，受篇幅所限，内容较少，若需要更多相关表单和技巧课程，请登录工业品牌营销研习社网站（www.b2byingxiao.com）

表 5-4 B2B工业企业销售人员SPIN工具练习表

提示	具体描述
S—情景询问	
P—问题询问	
I—暗示询问	
N—需求询问	
备注	根据你最熟悉的一款公司产品来练习填写，形成基本话术和套路

表 5-5 B2B工业企业销售人员决策者需求洞察表

产品/方案	目标客户	使用者	采购者	影响者	守门者	决定者
（示例）输送带	煤矿	皮带队	物资部	设计院	司机/门卫/办公室	矿长
各类决策者需求洞察						

115

表5-6 B2B工业企业销售人员第三方客户需求洞察表

公司名称		与×公司合作年限	
业务负责人		所属行业	
主要合作产品			
业务负责人诉求	（希望本次访谈能带给您哪些有价值的信息）		
客户对×公司印象	（写出销售人员大体感受即可）		
客户特点描述	（方便访谈人员沟通和调研，以及您认为访谈中需要注意的要点）		
其他	（您认为对访谈有帮助的信息）		
备注	此表用于第三方客户需求洞察		

表5-7 B2B工业企业销售人员民企、外企、国企决策特点分析表

民企	外企	国企
经营时间相对短、执行力强、规范性差	经营时间相对短、制度规范、执行力强	经营时间相对长、制度规范、执行力弱
人员流动性大、老板一锤定音	人员相对稳定、职能决策权大	人员相对稳定、负责人任期明确
对公司和销售人员口碑很看重	对成功案例和性价比很看重	对同行很熟悉，重视案例和业绩
决策主要由老板及其骨干完成	职能负责人对决策影响大	决策受上级主管单位影响大
对价格相对敏感、精打细算	对品牌和产品品质很看重	能通过各种渠道获得政府扶植
决策机制相对简单	决策机制相对简单	各职能部门之间博弈关系较复杂
希望直接面对问题，尽快解决	希望解决方案文件齐备、培训到位、权责清晰	尽可能有完善的解决方案、省时省力

表5-8 B2B工业企业销售人员企业决策者个人需求特点分析表

B2B业务个人需求	工作驱动因素	个人诉求和期待	四种处事风格
常见需求特点参考	1.企业目标与个人目标一致，以达成企业目标为己任 2.通过事业和工作的功绩表现自己、证明自己和获得个人成功 3.不关心企业目标，希望通过项目，获得个人好处 4.多一事不如少一事，尽量不犯错	1.通过学习追求自我发展和提升 2.寻求稳定工作环境 3.追求更高经济收入 4.事业发展和晋升	1.主动型 2.被动型 3.服从型 4.内敛型
项目/关键决策人分析			

第五章　第三步 深度沟通、洞察需求

续　表

备注	B2B工业企业销售工作中，不能忽略决策者个人需求，俗话说：搞定人不一定就行，但搞不定人则一定不行。这句话有一定道理，要引起注意

本章小结

本章中所介绍的SPIN顾问式销售工具，不仅能帮助工业企业销售人员深度洞察客户需求，还能不断发掘客户需求，帮客户找到问题和痛点。然后工业企业的销售人员可以对症下药，帮客户制订最优解决方案，解决问题并实现双赢。

不仅如此，SPIN顾问式销售工具的应用，还能让客户基于自身的问题和痛点来理解我们的解决方案能带给他的价值和好处，为我们进一步推动销售进程奠定了基础。

从顾问式销售七步法全局来看，洞察需求是非常关键的一步，应用得当会让客户感受到我们是真正能够懂他、理解他，然后帮他解决问题的，而不是自顾自地推销；与此同时，洞察需求也是非常考验工业企业销售人员的一步，因为要想把SPIN工具用好，销售人员必须懂客户应用场景，懂产品和解决方案的特性，甚至还要对企业内外部资源有一定的整合应用能力。

下一章，我们将一起来探讨顾问式销售七步法的第四步：对症下药、塑造价值。

第六章
第四步 对症下药、塑造价值

平时，在培训课堂上，我总会跟大家讲这么一句话：客户嫌贵是因为我们对提供给客户的价值"沟而不通"，也就是说，尽管我们已经努力向客户解释我们为客户提供的产品的价值，但客户仍然无法理解和认同，还是觉得贵。

怎么解决这个问题呢？

这里我们就需要用到价值塑造的工具和方法，让客户更清晰、深刻地感受到我们的好。

首先，我们要认真思考我们要给客户带来什么样的价值，我们自己所得到的销售回报或者销售业绩是因何而来。我们需要先把这样的原点问题想明白——

从 B2B 工业企业的基本业务逻辑来看：我们所创造的价值，来源于我们有能力去洞察客户的问题，并通过我们的产品解决方案，帮他解决问题，帮他降本或者增效，从而得到我们的回报。

简而言之，我们是通过帮客户降本或增效来创造价值，我们赚的其实是增量上的收益分成——能帮客户增加 100 元钱的收益，或者减少 100 元

第六章 第四步 对症下药、塑造价值

钱的投入，我们可能会拿到其中的 10 元钱作为回报。

为了让客户更清晰和直观地感受到降本增效的效果，我们就必须让客户认可我们洞察其难点和问题的能力，让客户感受到我们所提供的产品解决方案物有所值，甚至物超所值。

因此，如何塑造价值就成为顾问式销售七步法中很重要的一个技术动作。

场景故事：电控柜生产厂老板岳总的烦恼

下面的场景故事给我们描述了 B2B 工业企业营销工作中很常见的一幕——

岳总是一家电控柜生产厂的老板，早年他也是从销售工程师一步一步打拼，才创建了现在的公司，但近几年他最头疼的问题就是销售团队的培养。

这不，这几天他正在为新销售人员的事情犯愁呢——新招的销售人员在市场上跑了一圈以后，回来总是跟他讲：客户和经销商都反馈我们的产品质量不好，价格偏高，技术支持还不到位，不好卖。

岳总本身是销售出身，当然理解这种情况的发生。当销售新人在市场一线面对客户和经销商时，客户和经销商总用上述的理由搪塞销售新人。久而久之，销售新人就相信了这些理由。

岳总现在犯愁的是：到底该怎么培养这些新销售人员，才能让他们尽快上手，开拓新业务？

其实，岳总的问题不是他一家独有，而是众多 B2B 工业企业的共性烦恼。怎么解决呢？

实战解析：高效塑造价值的 FABE 推销法

下面就专门给大家介绍高效塑造和沟通价值的 FABE 推销法，如图 6-1 所示。

F—feature　特点和属性
A—advantage　优势和差异
B—benefit　能给客户带来的利益
E—evidence　给客户展现案例和佐证

图 6-1　高效塑造价值的 FABE 推销法

什么是 FABE？

简单跟大家介绍一下。F 主要是描述我们产品的特点和属性；A 是指产品或者解决方案的优势和差异，B 是能带给客户的利益，E 是给客户展现案例和相应的佐证。

FABE 推销法是由美国俄克拉何马大学企业管理博士、中国台湾中兴大学商学院院长郭昆漠教授总结出来的。FABE 推销法是非常典型的利益推销法，而且是非常具体、具有高度且操作性很强的利益推销法。它通过 4 个关键环节，极为巧妙地处理好了顾客关心的问题，从而顺利实现了产品的销售。

FABE 推销法的标准句式是："因为（特点）……，从而有（功能）……，对您而言（好处）……，你看（证据）……"

FABE 推销法的应用要遵从"一个中心，两个基本法"的原则："一个中心"就是以客户的利益为中心，并提供足够的证据；"两个基本法"是指要灵活运用观察法和分析法。

工具表单：FABE 顾问式销售话术提炼表

为了方便 B2B 工业企业销售人员在实际工作中应用 FABE 推销法，我们把它整理提炼成一套销售话术的工具表，如表 6-1 所示。用它来梳理销售话术思路是非常有效的。

我们可以针对每一条业务线、每一个产品来做经验的总结与提炼，最终构成我们的话术库，方便我们在日常销售工作中使用。

在这里，我想给大家一个小提示，在跟客户沟通时，F，A，B，E 中的每个要素顺序并不是固定的，可以通过调整顺序来更快地抓住客户眼球。比如 B，E，A，F，也就是先讲利益好处，也许会更适合我们销售人员在销售工作中实际应用。

为什么？

因为当下我们面对的是精耕细作的存量市场，产品同质化是大势所趋，客户可选的供应商比较多，销售人员如果采用僵硬的 FABE 固定化说辞，就会给人王婆卖瓜、自卖自夸的感觉。因为有可能这家公司的采购人员，已接待过不止一拨同类产品的供应商，对这一类产品的熟悉程度可能会超过一些比较年轻的销售人员。这时候如果再按照固有套路，从F，A，B，E的顺序演绎一遍，客户可能就有点不耐烦了。

这时候能够更加直接有效打动客户的内容，当然是我们的解决方案会给他带来什么好处，具体可参考表6-1。

表 6-1 FABE顾问式销售话术

提　示	话术提炼
F—功能特点	
A—优点差异	
B—利益好处	
E—成功案例	
备　注	根据你最熟悉的一款公司产品来练习填写，形成基本话术和套路

典型案例："独一无二"的输送带接头硫化机

接下来我们用一个典型案例来进一步说明FABE工具的用法。

萧爱是全球领先的输送带接头硫化与皮带维护专家。

图6-2中左边的画面是这家公司的输送带硫化机，其主要用于大型输送皮带热硫化接头，它最大的特征是独有的三位一体加热板，一次成型的水压袋——这样独特的功能特点使其打压更均匀、加热更可靠，有效保障了硫化接头的质量可靠性和稳定性。

第六章　第四步 对症下药、塑造价值

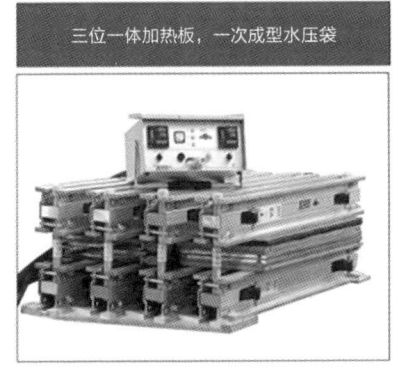

F:功能特点	A:优势和差异	B:带给用户的好处	E:成功案例
专利水压袋	加压无死区，无须二次打压	接头质量可靠，不会发生起鼓现象；操作更简便	同煤地矿东周窑1500万吨主井皮带
柔性加热元件	串联电路，厚度仅有3mm	接头质量可靠，不会发生加热不均匀现象，更加轻便	
三位一体的加热板	可整体搬动	施工操作更简便	
水冷PLANK系统	可快速冷却	大幅减少等待自然冷却时间	
自动打压泵	自流水箱，自动关停	操作简便，无须人工干预	

图 6-2 "独一无二"的输送带接头硫化机 FABE 工具提炼案例

萧爱的 FABE 工具是这么提炼的：

首先看 F，功能特点的提炼——主要列了以下 5 个：（1）带有专利的水压袋；（2）柔性的加热元件；（3）三位一体的加热板；（4）水冷PLANK 系统；（5）自动打压泵。

其次，我们可以分别从 5 个功能特点出发，演绎 FABE 工具塑造价值的方法。

第一，专利水压袋。一次成型的专利水压袋是萧爱独有的核心部件，在输送带接头硫化过程中，具有加压无死区，无须二次打压的优势和特点，带给用户的好处显而易见：接头质量更可靠，不会发生起鼓现象；无须二次打压，现场操作更简便。

第二，柔性加热元件。柔性加热元件有什么好处？它采用串联电路厚度仅有 3mm，"厚度仅有 3mm" 指的当然是比较轻便、比较薄，可以铺设在硫化板内部，无须单独加设加热板；且串联电路一旦局部短路，更容易被发现，不易出现硫化不均匀现象。

第三，三位一体的加热板。这种加热板相对轻便，整体性好，一人可整体搬动，且显著提升作业效率，省时省力，这样就给现场安装和施工带来非常大的便利。

第四，水冷 PLANK 系统。相比传统硫化机自然冷却，水冷 PLANK 系统可以迅速为硫化板降温，大幅缩短工期和作业时间。此外，根据硫化温度曲线，在合理的硫化保温之后，迅速降低温度，有利于提升输送带硫化质量。

第五，自动打压泵。萧爱硫化机配装的全自动打压泵，自带移动式水箱，不仅能在施工现场实现自动打压，而且能轻松移动，用一台打压泵就能为多套硫化机快速打压，在节省人力物力的同时，大幅提升工作效率。

在本案例中，我们共用了同一个典型案例：同煤地矿东周窑 1500 万吨主井皮带项目。

东周窑煤矿主巷斜井皮带采用 ST7000 钢丝绳芯带，宽 1800mm，长 3.6km,厚度达 35mm，为目前我国强度等级最高、皮带厚度最大的矿用输送皮带。能够胜任本项目的高效硫化施工，并得到长期实际运营验证，充分说明了萧爱 ALMEX 输送带硫化机品质的可靠性和稳定性。

在上述 S 公司案例中，运用 FABE 推销法，可以提炼出 ALMEX 输送带硫化机产品的特点、给用户带来的好处，还可以提炼出一套完整的 FABE 话术工具，供销售人员在日常工作中，根据客户的需求点，灵活组合应用。

第六章 第四步 对症下药、塑造价值

深度应用：价值塑造三原则

为了帮助大家用好 FABE 工具，我再给大家分享 3 个从实战中提炼出来的基本原则，如图 6-3 所示。

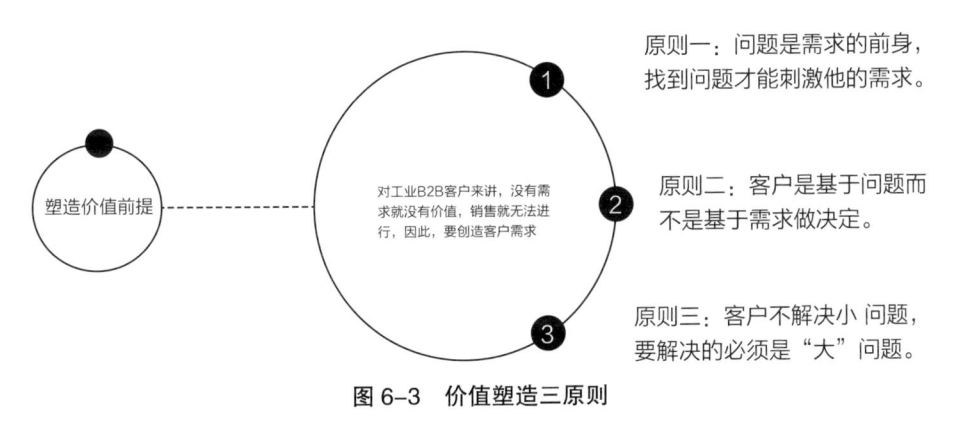

塑造价值前提

对工业B2B客户来讲，没有需求就没有价值，销售就无法进行，因此，要创造客户需求

原则一：问题是需求的前身，找到问题才能刺激他的需求。

原则二：客户是基于问题而不是基于需求做决定。

原则三：客户不解决小问题，要解决的必须是"大"问题。

图 6-3 价值塑造三原则

第一个原则：看见问题。我们要能够看见问题，因为问题是需求的前身。我们要找准问题才能把客户的需求洞察清楚，才能刺激他的需求。这是第一个原则——眼里要有问题。

第二个原则：客户其实是基于问题，而不是基于需求做决定。我们平常总说根据客户的需求去配置解决方案，但事实上对客户来讲，你要问他的需求是什么，客户也会很蒙的。所以，就需要你去洞察客户的需求，而需求背后其实是客户面对的问题。找到客户的问题后，大家才方便沟通和交流，这也更有利于我们把塑造价值的工作做得更到位。

第三个原则：客户要解决的是必须是"大"问题，即高优先级的问题。我们所提供的专业解决方案，其实有很高的认知壁垒，我们觉得重要的，客户未必能认识到。而客户认为的"大"问题，也只是客户的主观认知。我们可以通过影响客户的主观认知，从而与客户就问题的优先级达成共识。

在实际工作中，客户要解决的问题有很多，对他们来讲，只有优先级排在前面的"大"问题才值得投入资金与精力去解决。所以，当我们与客户就问题的优先级达成共识后，我们提供的解决方案的价值才会比较容易被感知。

5层分解：任务清单和模板

5层分解第四步——对症下药、塑造价值的任务目标是让客户对B2B工业企业的产品和服务有明显的选择倾向，主要的任务清单和模板梳理如表6-2、表6-3、表6-4和表6-5所示。

表6-2 "对症下药、塑造价值"任务清单和工具表单

步骤名称	对症下药、塑造价值
任务目标	客户对我方产品或服务有明显倾向性
工作清单	1.制作FABE工具表 2.制作IMPACT工具表 3.制作塑造价值策略表 4.月/周/日行动立项表
工作难点	1.取得客户信任 2.展现自身时，体现专业度 3.准确把握客户痛点及需求
实战技巧	1.产品同质化破解三板斧 2."稻草卖出黄金价"
工具表单	1.FABE工具表 2.IMPACT工具表 3.塑造价值策略表
实战案例	B2B工业企业营销团队共创提炼

第六章 第四步 对症下药、塑造价值

续 表

备 注	本工具表仅供参考，受篇幅所限，内容较少，若需要更多相关表单和技巧课程，请登录工业品牌营销研习社网站（www.b2byingxiao.com）

表 6-3 FABE 工具练习表

提 示	具体描述
F—功能特点	
A—优点差异	
B—利益好处	
E—成功案例	
备 注	根据你最熟悉的一款公司产品来练习填写，构建产品卖点和思路

表 6-4 IMPACT 工具表

提 示	尝试完全站在客户的角度来描述解决方案所能带给客户的利益
I—库存	如：帮助客户减少库存、加快存货周转、快速发货等
M—资金	如：帮助客户增加利润、降低成本、周转资金等
P—人力	如：为客户提供的服务让客户省心、省力、省人工、补足技术短板等
A—资产	如：为客户提供测试、设备、仓储、车辆等设施及服务等
C—能力	如：帮助客户改善运营效率，提高设备使用率等
T—时间	如：帮助客户节省时间，以及减少因不能及时处理而导致的设备停工、人员闲置、订单延误或丢失的损失等
其 他	

表 6-5 塑造价值策略表

三类典型情况	客户需求洞察	价值塑造策略
早期接触	客户感觉有问题，但尚无明确解决思路；客户刚意识到问题或在B2B工业企业销售人员启发下意识到问题；尚无其他供应商实质性接触客户	**布局要点：** 帮客户发现和洞察问题，并通过SPIN工具提示严重性，提出解决方案，建立认知和促进关键决策人做决策 **主要策略：** 先发制人 制定标准 **实战举例：** 1.指定产品参数和型号 2.加大特定标准的权重 3.苛刻的付款方式 4.无法做到的供货期 5.高门槛的准入标准等

三类典型情况	客户需求洞察	价值塑造策略
中期接触	解决方案和采购需求已明确，客户在初步接触供应商和询价； 客户已经与多家供应商联系； 客户认为自己的需求已经明确； 讨论多个方案的优劣势	**布局要点：** 引导和重构客户的认知和采购标准 结合自身优势，帮客户完善和构建最优解决方案 **主要策略：** 精准打击 重构标准 **实战举例：** 1.客户关键人抱怨 2.竞品方案不合理 3.竞品方案不完整 4.我方有明显优势
后期接触	采购标准很明确，邀请投标或已有固定供应商； 客户已经有较明确采购标准； 其他供应商在前期做了工作； 我方在采购流程后期才介入	**布局要点：** 找竞争对手方案中的重大缺陷 以价格、功能等明显优势强势"夺单"，再建共赢方案 **主要策略：** 伺机而动 一击而中 **实战举例：** 1.通过我方优势切入 2.通过特殊时机切入 （冬防期[①]客户供应链不稳） 备注：有耐心，不盲动

本章小结

产品质量和服务体验好不好，由谁说了算？当然是客户。因此，我们必须基于顾问式销售七步法第三步的深度沟通、洞察需求结果来对症下药、塑造价值。

本章我们从岳总的场景故事入手来探讨面对动不动就被经销商和客户

---

① 冬防期指每年冬季和春季时，重污染天气影响范围广、污染程度重、持续时间长、大气环境质量明显恶化，需要采取更高标准、更严要求、更大力度的大气污染防治措施的时段。一般为每年11月15日到次年的3月15日。

第六章 第四步 对症下药、塑造价值

"洗了脑"的 B2B 工业企业销售人员该怎么培养，怎样才能让他们尽快在洞察客户需求的基础上为客户匹配最优解决方案，并让客户理解和认同公司所提供的价值。

FABE 价值塑造工具简单实用，我们还以萧爱输送带接头硫化机为案例对 FABE 工具的实战应用做了详细讲解。

下一章，我们将和大家一起来分享顾问式销售七步法第五步：处理异议、促进成交。

第七章
第五步 处理异议、促进成交

很多 B2B 工业企业销售人员一听到"客户异议"四个字，心里就有点怕，但客户有异议一定是坏事吗？

事实上还真未必。

客户有异议，从本质上来讲，是客户认为我们没能深刻理解他的问题，他也不认同我们的价值。其实这反倒能够帮助我们去加深对他的需求的理解，也为我们的价值塑造和呈现提供了更清晰的指引，所以，客户有异议未必是坏事。

我们仍然从场景故事开始，跟大家一起来解读在顾问式销售过程中，如何来处理客户异议。

场景故事：客户说再不降价就别来了

我辅导过一家天津的公司 A，它本身是做工业铝型材的，为汽车制造厂提供包括工业围栏、防护罩、流水线防静电工作台、仓储货架等产品，其中一个比较大的合作客户就是中汽研究院。

第七章　第五步 处理异议、促进成交

一次月例会上，负责大客户的刘经理很着急，说中汽对价格表示质疑，甚至对方负责采购的赵部长说，再不降价就别来了，现在连她的电话都不接了。

公司老板很发愁：因为价格已经放到最低，再降价就没有利润空间了，怎么办？

于是老板何总和我决定去拜访下客户。我们到了中汽在天津北辰区的基地，双方交换名片后，赵部长对我的到来感觉很新奇——A公司虽然不大，却肯花钱请第三方咨询，起码证明它有很好的成长性，愿意优化自己的服务和管理。这就给对方留下了一个挺好的第一印象。

在谈到具体工作问题的时候，赵部长打开物料清单，直截了当地指出里面有些原材料使用的标号过高。根据赵部长反馈的问题，我不断地帮何总进行优化。

最后，不但把赵部长想要降价的部分降下来了，而且，根据现在的物料清单，采购成本降得更多了，也就是说：中间的利润空间比之前还大了些——这是一个皆大欢喜的结果。

因此，我们说：客户有异议，未必是坏事，异议有可能会成为我们工作改善和客户关系优化的契机。

在B2B工业企业发展过程中，好客户才是我们最好的老师，正是他们的不断督促甚至逼迫，使我们成长。也许当时我们会很紧张，甚至觉得客户很强势、不可理喻，但多年后回头看，我们会打心眼里感激这些逼迫我们不断成长的"好老师"。

上面的案例其实也告诉我们客户异议的本质到底是什么。我们首先要

明白，客户异议不仅不是坏事，还是督促企业成长的好事。不要客户一有异议，我们自己就先慌了。

当我们能够真正以客户为重心，愿意用心聆听客户的问题，站在理解客户难处的角度，理解客户异议是什么的时候，我们就可以把销售动作从客户应该怎么做，我们应该怎么做，变成双方一起来面对这样一个共同的难题，你会发现——这时候，更优的解决方案就出来了。

实战解析：处理客户异议的五大基本原则

结合上节的场景故事，我们跟大家简单做一个解析：什么是客户异议？

客户异议就是客户在购买过程中产生的那些不明白、不认同，怀疑的或反对的意见。

通常大家都挺怕客户有异议的，但是我特别鼓励我们的 B2B 工业企业，从销售人员到老板都要重视客户异议、珍惜客户异议，甚至我们有时候要欢迎客户有异议，为什么？

因为，客户异议有如下三大好处和作用，如图 7-1 所示。

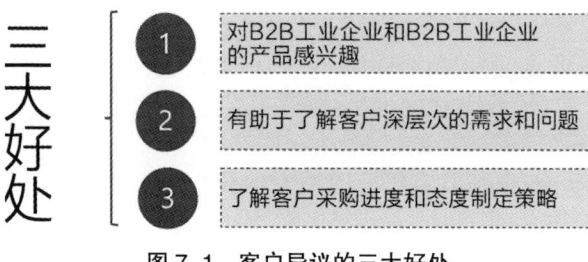

三大好处
1. 对 B2B 工业企业和 B2B 工业企业的产品感兴趣
2. 有助于了解客户深层次的需求和问题
3. 了解客户采购进度和态度制定策略

图 7-1　客户异议的三大好处

第七章　第五步 处理异议、促进成交

第一，需求确认。客户有异议，并能够很认真地提出问题来，至少表明他对你的产品以及你所提供的解决方案是比较感兴趣的，这是我们销售工作往前推进的一个非常重要的基础。

第二，解决方案的入口。客户提出问题，就能够让 B2B 工业企业洞察客户需求，了解客户深层次的问题，从而为提供更优的解决方案，开辟了一个入口。

第三，形成有针对性的营销策略。通过客户的异议可以理解客户决策链的各个环节，我们的销售人员就能够对症下药，制定相应的营销策略。

那么，在实际销售工作中，我们该如何处理客户异议呢？

给大家分享处理客户异议的五大基本原则。

第一个原则：事先预测和准备。

B2B 工业企业销售工作和客户异议常常相伴而生——从企业开创有了第一个客户开始，客户异议就存在。那么，在长时间的客户服务过程中，与客户沟通、处理异议所积累的这些经验都要及时被提取出来，形成销售手册。在销售手册中，一般会对每个销售步骤的工作要点、常见客户异议及应对策略、工具表单和技巧等进行总结提炼，并不断完善，这样就能让我们的销售人员在处理各种客户异议的时候，胸有成竹，不慌不忙。

第二个原则：心态积极，冷静应对。

当我们理解了客户异议其实未必是坏事，认真听取客户的异议反倒更有助于我们洞察需求以及推进销售时，心态就会更平和——这时候，我们就不再急于争辩什么，而是先认真地聆听，然后做出适当的反应。

第三个原则：仔细地聆听，尊重客户异议，不打断。

"喜欢别人听自己说，没耐心听别人讲"似乎是人的本性，而优秀的B2B工业企业销售人员则必须"逆本性"去做工作——学会仔细聆听，听懂客户到底要什么，这样客户就会觉得我们尊重他，能够懂他，接下来再进行我们的销售工作会更容易一些。

第四个原则：能够读懂客户的异议。

"客户异议"往往像冰山浮在水面上的部分，如果要想真正听懂客户的诉求，我们必须洞察藏在水面以下的部分。

跟大家分享客户异议非常典型的3种情况——"真、假、隐"，如图7-2所示。

图7-2 客户异议的3种典型情况

真：客户异议背后反映的"真"问题是什么？例如：客户嫌价格贵，真是这样吗？可能客户压根儿就没认真考虑，只是随口一说。

假：有可能这个所谓"客户异议"是个假的异议，我们要听懂客户到底想表达什么。例如：客户说"我不想买国产的"，其实客户真正在意的是产品的稳定性和可靠性。

隐：隐藏在异议背后的意图或者意思是什么，我们要能够读得更清楚。

第七章 第五步 处理异议、促进成交

例如：你们的产品在我们行业没有知名企业的应用案例啊，客户的言外之意是对产品和服务能力有疑虑。

要想读懂客户异议，就需要我们 B2B 工业企业销售人员练好基本功——不仅要对自己公司的产品和技术优势非常熟悉，而且要对客户的应用场景及常见问题有深刻理解，最好还能对客户所在的圈子和市场环境有一定的了解，如此，方能从容应对。

第五个原则：树立专家形象，不战而胜。

前面跟大家解读过什么是客户异议，客户异议就是客户在购买过程中产生的迷茫，甚至不认同的、怀疑的或反对的意见。

客户异议本质上还是客户对我们的销售人员、产品质量和公司不信任、不放心，那么，我们怎么做，才能尽快打消客户疑虑呢？

树立起专家形象，就能实现不战而胜——如果我们的销售人员对客户的问题及产生的根源都能了如指掌，对客户的痛点问题，都能轻松解答并有成功应用的案例，甚至对客户还没发觉的问题，也能提醒客户，让其防患于未然，那么客户看你的眼神就会从质疑慢慢转换为钦佩和尊敬，最终会不断向你讨教降本增效的建议和方法。那销售，自然是水到渠成的事了。

笔者从具体操作的角度给大家分享客户异议处理的五步法，如图 7-3 所示。

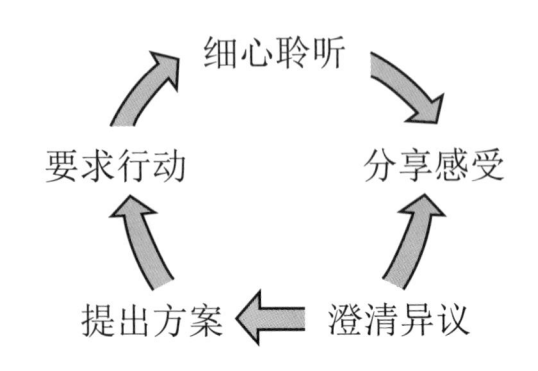

```
        细心聆听
   ↗           ↘
要求行动        分享感受
   ↑           ↑
 提出方案  ⇐  澄清异议
```

图 7-3　客户异议处理五步法

第一步：细心聆听。即有足够的耐心让客户充分表达。

第二步：分享感受。即能够跟客户进行充分的沟通，让客户感受到你的真诚和理解。

第三步：澄清异议。跟客户确认好他所表达的是不是这个意思，千万别自以为是。

第四步：提出方案。即打算怎样处理客户说到的问题，并与客户达成共识。

第五步：要求行动。即我们可以共同做些什么。这样就把客户的异议化解于无形，最终推动我们的销售工作顺利向前迈进。

工具表单：8 类客户异议处理话术

为了方便大家平时在工作中更从容地处理客户异议，我们整理了 8 类处理客户异议的话术。

这 8 个方面分别是：（1）需求方面的异议；（2）财力方面的异议；

第七章　第五步 处理异议、促进成交

（3）权力方面的异议；（4）价格方面的异议；（5）产品方面的异议；（6）服务方面的异议；（7）货源方面的异议；（8）时间方面的异议。

B2B工业企业可以借助资深销售人员的总结和提炼把常见的客户异议整理出来，让销售团队在日常工作中把它用起来。有备而来，方能从容不迫。

下面就上述8个方面的客户异议，举例来说明——

财力异议：您的设备我们确实需要，但现在因为公司正在扩建新产线，资金比较紧张，所以上不了。

权力异议：这事我做不了主啊，得老板说了才能算。

价格异议：价格太高了，昨天来的A公司的小张，报价才是你们的一半。

产品异议：听说你们的设备在安装运行的前3个月效果还行，往后效果就越来越差了。

上述8类异议是客户频繁提到的，不同B2B工业企业可以组织有经验的销售人员事先做提炼和整理。如果有条件，建议做内部演练，从而让公司销售人员处理客户异议的能力上个新台阶。

典型案例：客户抱怨"控制室又不死人"

给大家分享一个实际应用案例。

哈尔滨东方报警设备开发有限公司是一家做气体检测预警产品和解决方案的专精特新企业，早期其产品设计的基本思路是如果在现场检测到有任何气体危害产生，把现场报警信号传输到中央控制室，再由中央控制室

给每个工作点发布信息，让大家避灾避险。

后来销售人员在推动销售工作的过程中，听到一位一线的工人师傅抱怨说："你们说得挺好，这个思路听上去也挺不错，但是你想过没有，控制室又不会死人，真正关心或者说真正最在意气体检测预警效果的人是谁？不还是我们一线的这些人吗？"

销售人员听到客户对产品的异议后，仔细一想：对啊，对于控制室的操作人员来讲，及时传递预警信息只是一个工作，也许会出于各种原因没有及时通知，而一线工人才是对自身安危最在意的人。由他们产生联动，及时传递信息，才最能体现气体检测预警价值。

销售人员大受启发，回去立马跟公司汇报，公司组织研发及相关部门调整了产品方案，做成了气体检测物联网预警解决方案——把各个工作点的气体检测预警装置都连起来，只要一处报警，其他的几个工作点上自然就同步接收到预警的声音、灯光等信息，有效避免人员伤亡等危害的发生。

一线工人反馈的"控制室又不死人"，是抱怨，更是标准的客户异议——产品异议。

当我们的销售人员认真听取客户异议，并及时反馈，就形成了新的能让客户眼前一亮的产品，赢得了客户的认可。

上面的案例再次告诉我们：有客户异议未必是坏事，销售人员不要怕；因为有时候这恰恰是改善产品、解决问题的契机。

珍惜和抓住这样的机会，深度洞察客户需求，推动销售工作进展和深化客户关系，是我们销售人员从优秀到卓越的必修课。

第七章　第五步　处理异议、促进成交

5层分解：任务清单和模板

5层分解第五步——处理异议、促进成交的主要任务目标是理解和处理客户异议，并与客户之间达成明确的成交意向，为签订合同做好准备。主要的任务清单和模板梳理如表7-1、表7-2、表7-3所示。

表7-1　"处理异议、促进成交"任务清单和工具表单

步骤名称	处理异议、促进成交
任务目标	明确成交意向，准备签订合同
工作清单	1.客户异议分析表 2.处理异议策略表 3.月/周/日行动立项表
工作难点	针对客户的具体异议提出解决方案
实战技巧	1.客户异议处理18招
工具表单	1.客户异议分析表 2.处理异议策略表
实战案例	B2B工业企业营销团队共创提炼
备注	本工具表仅供参考，受篇幅所限，内容较少，如需要更多相关表单和技巧课程，请登录工业品牌营销研习社网站（www.b2byingxiao.com）

表7-2　客户异议分析表

提示	具体描述
客户异议	例如： 1.你们跟某品牌配置差不多，为什么价格高那么多呢？ 2.客户提出：再优惠点我就买了！ 3.我今天只是先看看，过两天再买
客户心理分析	
应对要点	
话术示例	
备注	根据你最熟悉的一款公司产品来练习填写，形成基本话术和套路

· 139 ·

表7-3 客户异议应对策略表

提 示	根据你最熟悉的一款公司产品来练习填写，形成基本话术和套路		
种 类	参考内容	客户异议	应对方案
需要立刻处理的异议	1.该异议是客户重点关注的事项 2.必须处理才能推进下一步销售工作 3.处理完异议后能立刻签约成交		
需要延后处理的异议	1.在销售人员的权限之外，承认无法立刻回答，但会迅速给予答复 2.当客户还没完全了解产品和服务的特性及价值时提出价格问题 3.客户异议在后面会有详细说明和解读时		
总 结			
备 注	本工具表用来总结和提炼B2B工业企业销售人员所遇到的客户异议及应对策略		

本章小结

B2B工业企业产品销售过程其实是销售人员和客户的一场"双人舞"，而不应该是一场销售人员孤芳自赏的"独角戏"。

处理客户异议——不是要站在客户对立面，一上来就跟着客户对着干，而是要认真聆听，站在共赢的立场，引导客户和我们一起构建更优更好的解决方案。

有句老话叫，不打不成交。在B2B工业企业产品销售过程中，销售人员不断遇到客户异议并有效化解，甚至能借助客户异议深度洞察客户需求，顺势把销售进程往前推进，是他们工作的常态。

本章从笔者辅导的天津A公司大客户负责人刘经理所面对的关键客户对价格的异议开始，详细剖析了客户异议产生的背景、客户异议的实质及背后蕴含的机会，进而提出了客户异议具有的三大好处和作用，妥善处理

第七章　第五步 处理异议、促进成交

客户异议的五大基本原则，客户异议处理五步法等。然后，借用哈尔滨东方报警公司"控制室又不死人"的客户异议处理案例，进一步强化了"有客户异议未必是坏事"的观点，鼓励B2B工业企业销售人员正视客户异议，实现借力成长，从优秀到卓越。

简单总结下，本节我们和大家分享了顾问式销售七步法的第五步，处理客户异议——不是要站在客户对立面，一上来就跟着客户对着干，而是要认真聆听，站在共赢的立场，引导客户和我们一起构建更优更好的解决方案。

下一章，我们将和大家一起来分享顾问式销售七步法的第六步：商务洽谈、签订合同。

第八章
第六步 商务洽谈、签订合同

签订合同是我们跟客户之间合作关系建立的一个重要里程碑，这个步骤本身也是我们销售人员前期工作取得阶段性成果的一个重要过程。

在 B2B 工业企业的顾问式销售过程中，签订合同是确认双方责权的重要环节，也能大幅推动我们跟客户的关系从彼此考察走向共赢合作，其重要性不言而喻。

但与此同时，我们也要意识到：在 B2B 工业企业销售过程中，我们更倾向于谋求和客户的长期合作伙伴关系，而并不只是简单的买卖交易关系，因此，B2B 工业企业销售人员切忌为了完成签订合同的步骤而过度承诺，以免给后续长期合作埋雷挖坑。

为了帮助销售人员更精准地把握时机，有策略地推动合同的签订，本节我们将着重带领大家剖析：（1）客户为什么会拖延签订合同？（2）我们有哪些常见策略可以促进合同签订？（3）有哪些常见的销售话术和"套路"来促进合同签订？

第八章　第六步 商务洽谈、签订合同

场景故事：营销类 SaaS[①] 公司黄经理成功签单

我们先通过一个场景故事跟大家一起来分享，在顾问式销售过程中，我们通常会面对什么样的问题以及该如何来促进合同签订。

黄经理是一家营销类 SaaS 公司的销售经理，2020 年春节前跟 A 公司谈妥了一个启动项目的合作。可是节后黄经理跟 A 公司的市场总监 M 提出要签订合同时，M 又有些犹豫了，说公司里还有几位资深的销售经理有些不同的意见，可能还需要再研究和协调一下。这一研究和协调，签订合同的事情眼看就遥遥无期了……

黄经理是销售"老司机"，知道销售经理有意见主要是因为他们自身散漫惯了，担心公司使用这个系统会对他们的工作进行管控，工作起来更麻烦，甚至可能损害自己的利益。

为了尽快促成合同的签订，黄经理跟 M 总监进一步沟通了这套系统的优势：能让公司的整个营销工作更加专业化、规范化，效率上也能得到很大的改善。

与此同时，在 M 总监的引荐下，黄经理亲自上门拜访了 A 公司的老板，并现场演示了系统功能以及其他几家样板客户的应用实况和成果。通过摆事实、讲道理，老板更进一步理解了该数字化营销 SaaS 系统的先进性和投入产出情况，表示会给予黄经理支持。

最终，M 总监跟老板下定决心顶住压力，来推动这件事情，希望能让公司的营销体系得到一个质的提升。

[①] SaaS 是 Software as a Service 的缩写，意思为软件即服务，即通过网络提供软件。

黄经理踢出临门一脚，终于把合同签下来了。

实战解析：B2B 工业企业销售工作中常见的 6 种促销策略

通常越大的项目，关键决策者在做决策时就会承受越大的压力，因此需要我们的销售人员找到症结，然后对症下药，找对人、说对话、办对事，再踢出临门一脚，最终把合同签下来，完成销售。

借由黄经理的案例，大家也可以思考一下：为什么客户在签订合同时会有拖延的现象，会觉得压力比较大？

笔者在这里给大家总结了关于客户拖延成交的 5 个常见原因，如图 8-1 所示。

拖延成交的 5 个常见原因
- 有疑惑，不够信任
- 价值利益解释不够
- 需求信息把握不准
- 购买时机不对
- 就是不买你的

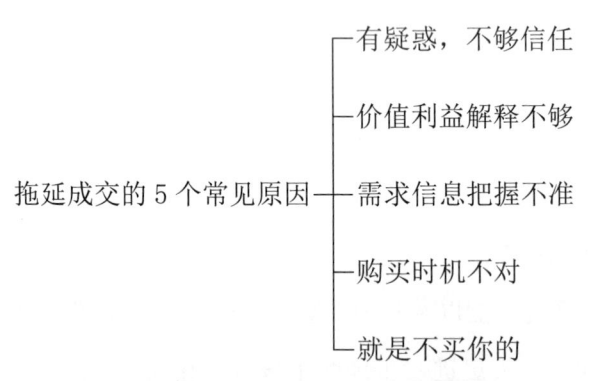

图 8-1　客户拖延成交的 5 个常见原因

第一，客户对产品和服务依然有疑惑，不够信任。

第二，销售人员对产品带给客户的价值和利益解释不够。

B2B 工业企业所面对的市场，往往专业化程度比较高。常言道：隔行

第八章　第六步 商务洽谈、签订合同

如隔山，客户对产品和服务不太理解，很常见。销售人员由于对客户应用场景理解的局限性，解释不清楚，价值呈现不到位，也很常见。因此，客户犹豫不决，拖延着难以下决心签订合同。

这时，从客户的问题出发，把产品和解决方案的价值呈现出来，并让客户有所感受，就很关键。在此基础上，采取促销的策略和技巧，有助于尽快完成合同的签订。

第三，对客户的需求信息把握不准确。

第四，购买的时机不对。

遇到上述情况，我们的销售人员还是要回到原点——洞察需求，理解客户的问题是什么，明确当下面对的"堵点"是什么。切忌自以为是，求胜心切，不管客户的"难言之隐"而急于签合同，有时可能会适得其反。

在这种情况下，我们最好能够站在客户相关决策人的立场上，帮助客户消除签订合同的障碍，共同达成签订合同的目的。就像前述案例中的M总监，帮他做成他想做而推不动的事情。

第五，就是不买你的。当然这是个比较感性的说法。比如客户对产品、对公司是接受的，但是对销售人员的第一印象不好或者认为其不专业，就不想跟他签。

真要遇到这种情况，可以考虑以退为进，不要跟客户做意气之争。可以委派其他同事签订合同，再在合作的过程中化解误会、增进了解，最终实现长期共赢合作。

无论客户是出于哪一种原因，当我们了解到客户在签订合同时一直拖延，或者不太愿意往前迈这一步的根本原因后，我们就应该对症下药，帮

客户把疑虑消除掉，最终促进合同的签订。

那么，我们在了解了客户拖延签订合同的原因之后，应采取什么措施来促进呢？我帮大家总结了如图 8-2 所示的 6 种比较常见的促销策略。

图 8-2　六种常见促销策略

第一种：直接要求。

在 B2B 工业企业的销售工作中，我们不希望销售人员太急功近利，心里没客户，却只想着死乞白赖卖东西。这种靠关系或靠低价做业务的销售人员，很难与客户建立长期合作关系。但也有些销售人员走向了另一个极端——只琢磨怎么跟客户沟通，但是真正到了促进客户签合同这个环节，却又拖拖拉拉或者迟疑不决，总是不好意思张口，导致本该签订合同的时候没有把握好时机。

第八章　第六步 商务洽谈、签订合同

所以第一个促销策略就是直接要求，就像我们足球比赛时的射门得分，大家必须坚决果断，抓住时机，尽早促成。不能光秀脚法，总也不射门。

第二种：新市场策略。

我们在开拓新市场的时候，可以考虑通过合理的优惠措施来进行促销，推进完成和新客户签订合同的销售动作。

作为新客户，心里肯定有一些担心，包括对人的担心、对产品的担心、对公司系统能力的担心，因此，我们为了做好这个样板市场，可以采取一些针对新市场的策略，比如说团购，比如说用一些优惠措施，等等，争取尽快把样板市场做起来，打开市场局面。

第三种：企业考察。

客户暂时犹豫或者拖延签合同，终究还是因为心里有一些不放心的地方，有时候他也不知道如何表达。你口头解释了，客户心里还是不踏实怎么办？这时，如果让他直接考察B2B工业企业，或者直接跟销售人员沟通，可能会促使他最终下定决心来签订合同。

第四种：高层拜访。

有些时候客户对B2B工业企业销售人员所讲的基本认同，对产品也已经有比较明显的倾向，但客户很在意公司对他的业务是不是重视，或者说对公司长期服务好他的系统的能力可能还有一些担忧，这时如果请我们的高层、领导、老板出马的话，项目可能就会被比较直接地促成了。这也是

我们促单的一种非常好的策略。

第五种：团队考察。

B2B 工业企业所提供的产品和解决方案，本质上是一种专家服务——要考察的不仅是设备、零部件等可见产品，不可见的专业服务团队和公司系统能力更是考察的重点。因此，客户如果能通过团队考察看到公司的实力、产品线，以及公司的精神风貌，就能更加放心，最终完成合同的签订。

第六种：关键人推动。

借助第三方专家辅助决策，或者由客户信任的关键人来推动签订合同也是非常常见的促销策略。

客户在签订合同的关键环节，有一些拖延或者难以决策，可能是我们的原因，也有可能是客户怕担责任。

这时不管是由我们公司的老板、高管，还是生产技术的负责人去参与，还是说让对方公司的老板、高层领导介入，或行业意见领袖介入，帮着我们去让客户放下担心来签订合同，都是非常好的促销策略。本节场景故事中，黄经理特别去拜访 A 公司老板，也就是采用了关键人推动的策略——让老板和总监一起来推动合同的签订。

以上给大家总结了促进合同签订的 6 种常见策略，下面我们更进一步从销售话术的角度，帮大家总结了 6 种常见促单成交技巧。这些技巧能够帮助我们的销售人员在签订合同这个环节，尽快跟客户达成共识，完成既定销售动作。

第八章 第六步 商务洽谈、签订合同

工具表单：6 种常见促单成交话术

6 种常见促单成交技巧，如表 8-1 所示。

表 8-1　6 种常见促单成交话术

促单成交技巧	具体描述
假设成交法	例如：您打算将仓储和运输的项目全部委托给我们公司运作吗？
次要成交法	例如：我们的物流解决方案都是为企业量身定制的，因此在提供物流服务之前，我们需要做一次详细的需求调研，您觉得什么时候方便做访谈呢？
二择一成交法	例如：您是将全部的物流项目都委托给我们公司运作呢，还是将运输或者仓储委托给我们公司运作？
利诱成交法	例如：如果咱们的合同能在月底前签订，作为本区域首家客户，您可以享受5%的折扣优惠
利益说明法	例如：其实我们作为专业危险品的物流服务商，拥有国家规定的资质，您将贵公司的物流项目委托给我们公司运作，对贵公司来讲是降低了公司的运作风险，同时我们的运作费用与其他公司相同，综合来看，选择我们公司，给您带来的利益将会是最大的，您觉得是这样吗？
水落石出法	例如：请问您所担心的是什么问题呢？是我们公司的服务质量，还是价格问题？是仓库管理方面的问题吗？那除了以上的问题以外，还有其他什么问题吗？
备　注	针对你最熟悉的一款公司产品来练习

第一种：假设成交法。

即跟客户去假定合同的标的。举个例子：您打算将仓储和运输的项目全部委托给我们公司来运作吗？

这时你是在确定合同的内容，客户如果说是，那说明客户对合同标的的内容基本上是认同的，我们可以尽快签订合同。

如果客户不认同、有疑虑的话，他就会提出相应的异议来，相当于我们就知道了客户心里顾虑的点，然后就可以有针对性地去消除客户心里的顾虑，促进合同较快地签订下来。

第二种：次要成交法。

这相当于我们在帮客户减轻决策压力。举例来说：我们的物流解决方案都是为企业量身定制的，因此在提供物流服务之前，我们需要做一次详细的需求调研，您觉得什么时候方便做访谈？

次要成交法是在客户犹豫不决的情况下，把项目往前推进的一个非常好的策略。因为量身定制的项目，往往单价比较高，决策压力也比较大，客户会有比较多的担心和疑虑。针对各种情况，我们现在相当于退而求其次——只是要求客户先做一次需求调研，这是客户比较容易做到的，而事实上却是帮助我们把销售工作往前推进了一大步。

次要成交法就像让客户走楼梯一样，一个台阶一个台阶地走上去，而不是让客户一下子跨上二楼，这样就容易了很多，对吧？

第三种：二择一成交法。

我们都有切身体会：做选择题比做问答题容易，对吧？二择一成交法也是通过把问答题转化成选择题，来减轻客户的决策压力。例如：您是将全部的物流项目都委托给我们公司运作呢，还是将运输或者仓储委托给我们公司运作？

从促进签订合同的角度来讲，不管客户怎么选择，我们都已经达成了目的。

第八章　第六步 商务洽谈、签订合同

第四种：利诱成交法。

为了促使客户能尽快下决心，做出签订合同的决定，我们也可以采取利诱成交法，例如：如果咱们的合同能在月底前签订，作为本区域首家客户，您可以享受5%的折扣优惠。

平时我们说：客户是希望买到"便宜"的感觉，其实这也是人之常情。采用利诱成交法，客户落着了实惠，我们打开了新市场，皆大欢喜。

第五种：利益说明法。

B2B工业企业的销售工作本质上是专家服务——我在咨询项目的深度访谈中，常常听到采购负责人说：销售人员觉得找到好客户难，其实我们采购人员找到优质的供应商也难啊！

因此，能找准客户的难处和痛点，陈之以利害，也是促进合同签订的重要技巧。例如：其实我们作为专业危险品的物流服务商，拥有国家规定的资质，您将贵公司的物流项目委托给我们公司运作，对贵公司来讲降低了公司的运作风险，同时我们的运作费用与其他公司相同，综合来看，选择我们公司给您带来的利益将会是最大的，您觉得是这样吗？

对B2B工业企业的客户来讲，不能解决问题，再便宜也是浪费，算上时间成本、机会成本，反倒是最贵的；能对症下药解决问题，贵也不怕，无非是算好投入产出就行。

第六种：水落石出法。

有时候，你使出了浑身解数，但客户就是迟迟不能做决定，怎么办呢？

那我们就干脆单刀直入，采用水落石出法。例如：请问您所担心的是什么问题呢？是我们公司的服务质量，还是价格问题？是仓库管理方面的问题吗？那除了以上的问题以外，还有其他什么问题吗？

上述 6 种促单成交话术的合理运用，要么是把我们签订合同的销售动作往前推进了一步，要么就是把客户心里的担心或疑虑暴露出来，方便我们进一步考察客户需求和塑造价值，最终帮助客户化解决策压力，促成合同签订。

典型案例：内蒙古葵仁色选机市场"以旧换新"策略

下面，我们通过一个应用案例来和大家进一步研讨签订合同的促进策略——内蒙古葵仁色选机市场"以旧换新"的策略。

作为中核集团理化研究院光电所西北大区的销售经理，我曾经负责核工牌色选机在内蒙古葵仁市场的销售工作。在我接手这个工作以前，核工牌光电单面色选机已经在内蒙古葵仁市场上销售了一批设备，但随着后来进口品牌的跟进，技术上的劣势就显现出来了。这个时候不单销售工作陷入了停滞，而且产品在当地市场上形成了很不好的口碑，最后基本被公司放弃了。我接手时，核工牌光电单面色选机的相关工作已搁置了一年多。

当新一代的 CCD 双面色选机研发成功后，我计划重启市场，但因为之前的差评，签订合同的阻力非常大。即便是一些关系还不错的老客户，也有两种担心：第一是新的机子到底能不能达到他想要的效果；第二是它会不会还像之前的机子一样，一开始用着还行，后来效能却快速下降。

第八章　第六步　商务洽谈、签订合同

除此之外，在当地人心里还有什么更担心的吗？后来经了解发现，他们不是担心会造成经济损失，而是如果我买了，后面产品再出问题，被同行笑话当了冤大头怎么办。总之有各种各样的担忧在里边，结果就是客户即便觉得新机子不错，哪怕看过样品，还是没有人敢去签合同。

作为业务经理，该怎么做，才能尽快签订合同、打开局面呢？我们采取了"以旧换新"的策略。

为什么采取"以旧换新"的策略呢？有两个目的：

第一，让这些老客户感到被关注，即便之前的色选机都已经废置不用了，但"以旧换新"的策略会让老客户觉得研究院对他们的使用情况还在持续跟进，服务并没有因为色选机的废置而中断。

第二，这种"以旧换新"的策略，相当于从成本上让老客户得到了最大的优惠。

最终客户的心理障碍被顺利突破，合同也签了下来。在几个老客户签订了合同以后，以前没有接触，但是也有意向的客户都在观察新一代核工牌CCD葵仁色选机的表现——运行一段时间以后确实效果不错，且比较稳定。因此我们也逐步赢得了这些新客户的认可，最终不仅顺利重启了内蒙古葵仁色选机市场，而且实现了市场占有率的大幅提升。

事实证明，通过"以旧换新"策略重启内蒙古葵仁色选机市场的策略是比较成功的。

5层分解：任务清单和模板

5层分解第六步——商务洽谈、签订合同的主要任务目标是签订合同并保证客户按期回款，主要的工作清单、工作难点和相关工具模板梳理如表8-2、表8-3所示。

表8-2 "商务洽谈、签订合同"任务清单和工具表单

步骤名称	商务洽谈、签订合同
任务目标	签订合同并按期回款
工作清单	1.签订合同促进策略表 2.月/周/日行动立项表
工作难点	1.产品核心竞争力（质量、价格、服务） 2.合同条款确认 3.合同按约定执行
实战技巧	1.B2B商务谈判 2.B2B共赢沟通
工具表单	1.合同签约促进表 2.合同履约档案表
实战案例	B2B工业企业营销团队共创提炼
备注	本工具表仅供参考，受篇幅所限，内容较少，若需要更多相关表单和技巧课程，请登录工业品牌营销研习社网站（www.b2byingxiao.com）

表8-3 签订合同促进策略表

项目名称	
关键阻点	
促进策略	关键人推动	
	新市场策略	
	公司考察	
	客户考察	
	高层互访	
	直接要求	
	产品试用	
	产品演示	

第八章　第六步 商务洽谈、签订合同

续 表

促进策略	检测报告	
	其 他	
备 注		B2B工业企业可在工作实践中通过本工具表不断提炼总结

本章小结

商务洽谈、签订合同是顾问式销售七步法中至关重要的一步——它意味着 B2B 工业企业与客户的关系发生了实质性的转变：终于从"熟悉的陌生人"变成了未来可能长期合作、相互成就的伙伴。

如何更精准地把握时机，解除客户的担心和疑虑，降低客户的决策难度，有策略地促成合同签订，是这一步销售动作的要点。

本章我们从营销类 SaaS 公司销售黄经理与 A 公司签订项目合作协议的场景故事切入，与大家探讨了客户拖延成交常见的 5 个原因，并详细介绍了 B2B 工业企业 6 种比较常见的促销策略和 6 种常见促单成交技巧，最后以核工牌色选机通过"以旧换新"的策略促进批量合同签订的真实故事为例对顾问式销售七步法的第六步做了深度解读。

下一章，我们将和大家一起来分享顾问式销售七步法第七步：系统服务、升级关系。

第九章
第七步 系统服务、升级关系

上一章，我们讲到顾问式销售七步法：商务洽谈、签订合同，很多B2B工业企业销售人员以为合同签完自己的任务就完成了，事实上，这只是跟客户建立关系的第一步——后面还有很长的路要走。对我们B2B工业企业销售人员来讲，更关键的是要把我们跟客户之间的关系，从交易关系转变为长期战略合作伙伴关系。

为什么这么说？

这就需要我们认真体察B2B工业企业营销与大众快消品的B2C营销的区别——后者更关注有形产品本身，而前者本质上是一种专家服务。有形产品只是载体，为了能以更低的成本赢得和维护与客户的信任关系，B2C营销更倾向于引流获客，以广告拉动消费；而B2B工业企业营销更倾向于与客户维持长期伙伴关系。

因此，在签订合同之后，持续升级客户关系就成为B2B工业企业顾问式销售的必然选择。

另外，B2B工业企业销售工作越来越注重客户关系升级，还跟客户需求的不断升级有关——以往我们是在跑马圈地的增量市场上，只要你的质

第九章　第七步 系统服务、升级关系

量、成本、交期没有问题，再加上售后没有问题，能满足客户的基础需求就行了。

但现在，终端市场需求增速放缓，到了需要精耕细作的存量市场阶段，企业不仅面临非常大的竞争压力，更要适应客户的需求升级，因此，想要业绩可持续增长，我们需要为客户持续提供定制化的解决方案，尤其是其中的关键用户。

那么，到底该怎样升级客户关系呢？

有销售人员会说："升级客户关系我也知道啊，但每天要背着销售指标开发新市场，哪有时间啊？"

为了帮助销售人员更好地把握升级客户关系的方法和技巧，本节我们将从如下几个方面跟大家来剖析：（1）客户关系管理的二八定律；（2）销售业绩倍增公式；（3）ABCD客户分级服务表。

场景故事：T公司采购曹总的心理期待

下面我们先通过一个场景故事来跟大家分享一下在当下的产品销售过程中，我们所面对的客户诉求到底是什么，如何才能响应客户需求，持续升级客户关系。

在一次咨询项目的深度访谈中，T公司负责采购的曹总从如下3个层次提出了对优秀供应商的心理期待。

第一层：需求洞察。

曹总建议："如果你们的销售人员，能够更懂我们的应用场景，就能

跟我公司相关职能的工作人员，像生产、技术的同事更加顺畅地沟通——对他们的需求能理解得更加到位，响应得更加及时，那彼此工作上的协调和配合就更加流畅了，相互之间的关系自然就更加亲密了。"

第二层：趋势引领。

曹总说："作为我们上游的专家型服务商，你们对上游行业发展趋势和价格行情的把握要比我们更加精准，尤其是涉及像芯片、电子元器件等这样一些价格波动性比较大的领域。你们如果能够及时地跟我们分享，一起来研讨这种趋势的话，会对我们的工作有非常大的帮助。"

第三层：市场增值。

曹总说："如果你们能更了解一些我们客户具体的应用场景和使用情况，愿意帮助我们一起来优化产品和解决方案，为我们的产品以及服务提供增值的建议，对我们来讲帮助会非常大。"

曹总还特别声明："其实我现在所讲的这些东西是面向未来的，希望在未来长期的合作中能逐步做到，现在你们本身已经做得很好了，但如果能够面向未来，把这3件事也做好的话，那就真的是太棒了。这个不是必选项，是加分项。"

事实上，曹总提到的诉求，后来我在对其他企业的走访中，也屡次听到。来自客户的这样3层诉求将我们如何把跟客户的关系从交易关系升级到战略合作伙伴关系，给出了一个清晰的指引。

第九章 第七步 系统服务、升级关系

实战解析：B2B 工业企业销售人员业绩倍增公式

正如前面很多销售人员提出的问题：升级客户关系我也知道啊，但每天要背着销售指标开发新市场，哪有时间啊？

其实不仅仅销售人员的时间是有限的，我们每一家公司的资源、人员都是有限的，要想不断响应客户需求，升级客户关系，我们就不能用同一个标准去服务所有客户，而应把主要精力放在关键客户身上。

所以，我们必须思考一个问题：怎么让有限的资源投入到最能够产生价值的客户上呢？

在这里，我提出一个问题，请您思考：在过去的一年里，老客户复购和转介绍给你带来的业绩大概占总销售额的多大比例？

绝大多数 B2B 工业企业会发现：超过 60%，甚至 80% 以上的销售业绩都是由老客户复购或转介绍的客户带来的，靠引流获客转化获取的新客户所带来的销售业绩占比并没你想象的那么高。

我们进一步观察到：其实在老客户复购和转介绍所贡献的业绩中，又有 80% 的业绩产出，是由 20% 的关键客户带来的，如图 9-1 所示。

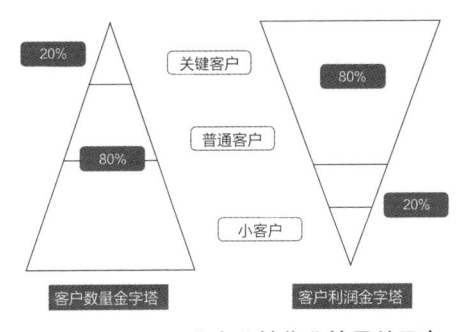

图 9-1 B2B 工业企业销售业绩贡献示意

基于这样的事实，我们就可以通过客户分级来实现业绩最大化——把销售人员的时间和精力合理分配，投入更多的精力和时间持续优化我们的客户关系，将20%的关键客户培养成我们的战略合作伙伴，其他80%的普通客户以共赢的方式服务和持续优化，努力向长期合作伙伴关系发展。

对B2B工业企业而言，持续升级和优化客户关系的过程，就是销售业绩可持续增长的过程，在此总结销售业绩倍增公式：

销售业绩 = 潜在客户数量 × 客户转化率 × 成交量（额度/频度）

我们平常总希望销售业绩倍增，但是怎么实现销售业绩倍增？我们给大家提炼3个关键要素：（1）潜在客户数量；（2）客户转化率；（3）成交量，复购加上转介绍。

前面我们分析过，B2B工业企业靠引流获取的新客户贡献的销售业绩占比相对较少（新客户往往有个磨合的过程，从试样、小批量、大批量需要较长时间），而老客户复购及转介绍往往贡献了大部分业绩，所以，要想在当年实现销售业绩倍增，还得从老客户入手，这就给我们3个重要的启示：

第一，要想销售业绩稳定增长，必须确保服务好关键客户。

第二，要想服务好关键客户，我们就必须对客户进行分级管理，否则不仅销售人员时间、精力不够用，企业的系统能力也支撑不了。

第三，对客户分级管理就意味着对不同的客户采取不同的策略。首先，你要为关键客户提供定制化的服务，确保客户的忠诚度。其次，我们要促使普通客户升级为关键客户，或者我们要减少相应的服务来降低成本。最后，我们要促使小客户升级为普通客户，或者通过提价、减少服务（如减

第九章　第七步 系统服务、升级关系

少技术支持服务等）、淘汰等方法，去优化我们的客户结构。

工具表单：B2B 工业企业 ABCD 客户分级服务表

B2B 工业企业该如何对客户进行分级管理，以升级客户关系呢？

给大家分享一个工具表单——ABCD 客户分级服务表，如表 9-1 所示。这是我为曾经辅导过的一家制造型企业提炼的客户分级以及服务的实施办法，供大家参考。

表 9-1　客户分级目的与原则

目的与意义	企业的资源是有限的，只有把有限的资源投入到最能够产生价值的客户上，才能真正实现双赢——让客户满意度不断提升，让公司的生产和服务能力更强。
客户分级原则	为了贯彻公司"五心客户服务"的主导思想，按照付款能力、企业信用度、订单量、附加值、增长潜力5个维度对客户进行评价和分级。 客户分为A，B，C，D 4个级别。 A：回款情况好、信用度高、量大或附加值高； B：回款情况较好、信用度高、量不大但客户的需求增长有潜力； C：回款情况一般，需要重点注意控制销售风险； D：回款情况非常差，是必须淘汰的客户。 公司对客户的分级实行动态管理，可根据各个客户的实际表现（付款情况、采购量等），由总经理随时调整。
客户分类服务及实施办法	
交期保障	重点保证A，B类客户的交货期，由总经理和主管生产厂长重点负责，交货期的内部考核也要向A，B类客户倾斜（以订单上的交货期为准）。C类客户根据回款情况或销售风险来决定实际的交货期（订单上的交货期仅为参考），由销售经理和生产科长协调决定具体交货期。D类客户原则上不再合作，但为了最后的货款回收，由销售经理和生产科长协调决定具体交货期。 本公司各个部门都要满足A，B类客户的要求（交货期），当A，B类客户交货期与C，D类客户的交货期有冲突时，生产部门应重点保证A，B类客户的交货期。
投诉管理	A，B，C类客户的所有投诉，相关部门都必须整改、回复。D类客户由销售经理协调各部门整改、回复。

续 表

客户分类服务及实施办法	
3A级服务	对A，B类客户实施3A级服务（7×24小时、主动式、高保障），建立耦合式菱形客户关系结构，保障产品质量和交货期，并做到多级快速响应；A级客户公司总经理年度拜访不少于1次。
铁三角服务	以项目组形式提供服务，全心全意帮A，B级用户解决问题，和其成为战略伙伴。
年度巡访	A，B级客户每年巡访不少于1次。
定期沟通	A，B级客户每月沟通不少于1次。
备 注	积极促进由C，D类客户向A，B类客户转变，提高客户服务价值，实现双赢。

从这张服务表上，大家可以观察到这家企业对客户分级的评价依据。

分级只是升级关系的第一步，更重要的是分级以后怎么给不同级别的企业客户提供相应的服务，以确保我们将客户关系持续优化和升级，最终建立战略合作伙伴关系。

这家企业把客户服务分成了6类，包括交期保障、投诉管理、3A级服务标准、铁三角服务、年度巡防、定期沟通，明确规定针对不同类型的客户给予不同的服务。对A，B类客户进行重点保障，从而确保关键客户的稳定合作关系，并不断推动低级别（C，D级）的客户关系能向高级别（A，B级）发展，实现共赢合作。

典型案例：金太阳公司与L客户的相互成就之路

下面我们通过一个应用案例来和大家进一步探讨如何升级客户关系：与客户共同成长，并与之构建战略合作伙伴发展关系——金太阳公司与L客户的相互成就之路。

金太阳公司的客户L公司，目前已经成长为国内数控刮齿机、插齿机

第九章 第七步 系统服务、升级关系

细分领域的头部企业。

L公司早期是对金太阳公司业绩贡献相对较小的客户，但付款情况良好，对金太阳公司的产品质量和经营理念认同度高，因此双方合作顺畅，关系不断向前发展。2018年L公司因为付款情况好、信用度高，虽量不大但客户的需求增长潜力大，被金太阳公司划为B级客户。基于多年良好的合作关系及需求不断增长，2020年L公司成长为金太阳公司的A级客户。2021年上半年，上游原材料价格上涨，金太阳公司优先保障L公司的订单和交货期，并定期沟通且提供铁三角项目组服务，强化了双方战略合作伙伴关系，实现了共赢发展。

上述案例告诉我们：不断升级客户关系，与优质客户建立战略合作伙伴关系，是公司实现需求拉动式生产[①]的必由之路。做好客户关系升级是业绩高质量增长的不竭源泉。

深度应用：铸造业客情维护

一般来说，铸造企业小批量试制成品率达标、工艺稳定率达到95%以上即可顺利进入批量生产阶段。

在批量生产阶段，铸造企业销售人员的主要工作任务就是协调、监督、反馈和沟通了。

协调：把握客户需求，做好销售预测，合理安排发货计划并及时配合客户方采购、技术及相关人员的工作。

---

① 即"以需定产"，通过较为准确的销售预测，实现高效拉动式生产。

监督：尽可能了解和把握生产、技术等相关职能部门的实时工作状况，及时通过看板等方式跟踪生产计划和新产品开发计划，通过过程监督保障按时交货。

反馈：从订单下达到发货交付，对铸造企业销售人员来讲，是个辛苦而漫长的过程——客户需求可能会变化，生产部门可能排期非常紧，铸件质量可能会出问题，物流包装可能会有偏差……林林总总的问题，防不胜防，但作为销售人员，我们只能选择面对。请时刻记住一句话：你不是一个人在战斗，一定要学会借助公司和团队的力量来舒缓压力。面对问题，我们要像孙悟空一样，有三根救命毫毛：反馈、反馈、反馈。向领导反馈，向客户反馈，向兄弟部门反馈——反馈不是抱怨，更不是诉苦，而是让各方面保持信息的同步，从而让问题得到最有效的解决。退一万步讲，即使有些问题是短期内无法解决的，作为销售人员，只要做好沟通工作，你也会得到各方面的谅解、支持和配合。

沟通：如果有人问铸造企业的销售人员最应该具备的一项技能是什么，笔者一定会毫不犹豫地回答他：沟通能力。在外部调研和咨询项目实战过程中，我曾无数次发现沟通不到位所留下的"坑"。如果抱着"共赢"的心态，能够设身处地站在对方立场去考虑问题，那么在正常工作中，很少有真正的"死结"。

批量生产阶段的工作目标是与客户沟通确认订单需求和发货计划，与生产及相关部门协调生产排期并及时跟踪督促，随时收集客户反馈信息，处理铸件加工、喷漆、包装等客户投诉问题，确保按期交货和及时回款，实现公司业绩目标和让客户满意。在此基础上，铸造企业的销售人员可以

第九章 第七步 系统服务、升级关系

协同市场部做客户运营，不断升级客户关系，努力促成相互成就的合作伙伴关系。

深度思考：渠道忠诚度提升

B2B工业企业要如何稳定提高销量？难。好不容易运行顺畅了，销量节节攀升，可是经销商会不会中途流失？难。如何培育和提升经销商忠诚度？难。

本节着重就如何培育和提升经销商忠诚度提出七字诀如下。

训：提供系统的培训支持

在B2B工业企业的经销商培训中，企业文化培训、经销制度培训、产品知识培训、业务技能培训、现场操作培训将陆续被实施。在这个过程中，经销商将与企业多点接触，因此，从市场到生产技术部门，B2B工业企业都要对经销商坦诚相待，力求让经销商从一开始就感受到优秀的团队作风，融入企业运作系统。在B2B工业企业渠道建设中，培训往往贯穿始终，所谓"随风潜入夜，润物细无声"——在不断的培训和交流过程中，B2B工业企业可与经销商加深了解，积累共识，巩固同甘苦、共荣辱的信念，最终，这将成为提升经销商忠诚度的一大法宝。

形：提供标准统一的形象

B2B工业企业不仅要将企业VI系统[①]应用于市场营销和企业自身经营的每一个环节，而且要通过标准化的统一形象设计"武装"经销商，让其作为企业在区域市场的窗口和形象代表。统一的形象不仅有助于市场推广和销售，更有助于增强经销商的信心和对企业的向心力，有助于培育和提升经销商的忠诚度。

形象统一可根据经销商发展阶段的不同而有不同的要求。级别较低的至少可以从统一施工人员工作服做起，级别较高的可以由市场部为其设计全套VI系统，便于其导入实施。

挺：给足面子，秀足支持

能够成为B2B工业企业的经销商，往往在区域市场内拥有独特的资源和优势，工业企业要借助一切机会帮助经销商强化和放大这些资源和优势，例如：定制和授予授权牌、授权书，在官方网站上添加链接和文章，合作参加区域展销会，销售人员陪访终端客户，等等。

访：经常拜访和沟通，注重协商

大量的案例表明：经销商与B2B工业企业最终"分道扬镳"多是因为双方内部原因。其实有问题并不可怕，俗话说：牙齿和舌头没有不打架的，关键是出了问题如何认识和应对。我认为：B2B工业企业的销售人员一定要经常性拜访经销商，并尽量用协商的态度来处理问题。事实上，销售人

---

① VI系统（visual identity system），即企业视觉识别系统，是企业形象的视觉传递形式。

员的渠道管理能力往往不仅关系到经销商的稳定，也直接影响到经销商进货的积极性和销量。

会：案例分享会、经销商交流会

有丰富渠道管理经验的销售人员都能感觉到，B2B工业企业的经销商往往都很愿意与企业和其他同行分享、交流经验，他们对自己区域内处理得当的精彩案例也津津乐道，乐于看到企业将自己的"战绩"上升为企业应用案例。作为B2B工业企业市场部当然应该支持和鼓励这种热情，积极搭建案例分享会、经销商交流会等沟通和展示平台，力求让每一家经销商都能以主人翁的态度来参与企业经营。

奖：评奖和大单返点奖励

对销量优秀的经销商、市场维护良好的经销商、企业政策支持给力的经销商……给予奖励，并树立榜样。这不仅可以让企业的渠道发展以最鲜活的方式展现在众经销商面前，更可以让企业经销商的努力经营获得正面回馈和鼓励，使经销商感受到企业的重视。这一点能有效提升经销商忠诚度。

情：感情是忠诚度的源泉

武侠小说里总是说：武功的最高境界是无招胜有招。说到如何培育和提升经销商的忠诚度，对B2B工业企业来讲，最高境界就是一个"情"字。尽管人们常说"在商言商"，而事实上，人非草木，孰能无情，企业和经销商共同面对市场竞争，一起打拼，虽然会有分歧、会有争吵，但都是为了同一个目标。作为企业的销售人员，在任何时候都别忘了维护好那份惺惺相惜、患难与共的情谊。

B2B工业企业的资源和力量终究有限，只有不断将成熟的模式纳入渠道体系，逐渐形成以企业经销商管理办法为基础的渠道系统和文化氛围，将企业文化和规范渗透到渠道中去，才能让企业与经销商成为利益共同体，一起把企业和产品品牌做大做强。

5层分解：任务清单和模板

如表9-2、表9-3、表9-4、表9-5、表9-6和表9-7所示是5层分解的第七步"系统服务、升级关系"的主要任务清单、工作表单及相关工具模板，可以让第七步易于操作，并且让销售团队做出更具针对性的演练和提升。

表9-2 "系统服务、升级关系"任务清单和工具表单

步骤名称	系统服务、升级关系
任务目标	促成战略合作伙伴关系
工作清单	1.客户分级服务表 2.月/周/日行动立项表
工作难点	1.工作细致化 2.持续升级，满足客户发展需求 3.优化服务，降低综合成本
实战技巧	1.客户关系升级18招 2.客户服务技巧18招
工具表单	1.客户分级策略表 2.客户分级服务表 3.客户认同度调查表

第九章 第七步 系统服务、升级关系

续 表

实战案例	B2B工业企业营销团队共创提炼
备 注	本工具表仅供参考，受篇幅所限，内容较少，若需要更多相关表单和技巧课程，请登录工业品牌营销研习社网站（www.b2byingxiao.com）

表9-3 客户分级策略表

客户分级管理&服务机制标准化	
客户分级要素选择	
A类客户特征	
B类客户特征	
C类客户特征	
D类客户特征	
关键服务措施设计	
定期评估机制设计	
备 注	

表9-4 客户分级服务策略表

分级服务	★★★★★ 五星级服务	★★★★ 四星级服务	★★★ 三星级服务	其他
交期保障				
研发定制				
投诉管理				
伙伴服务				
沟通机制				
备 注	对客户做好动态管理与跟踪，积极促进客户由C类向A、B类转变；对于不符合相应评级的客户，公司应及时进行调整			

表9-5 售后服务表单

统一编号： 　　　　　　　　　　　　　　　　日期：2023 年 月 日

客户名称		联系人	
电 话		传 真	
服务地址		维修方式	□送修 □上门维修
设备型号		购机时间	
服务类别	□安装 □故障维修 □定期维护 □技术培训 □其他			

· 169 ·

续　表

报修原因：					
故障鉴定：					
服务结果：				技术工程师签字：	
用户满意度： 解决问题：□很满意　□满意　□一般　□待改进　□不满意 反应及时：□很满意　□满意　□一般　□待改进　□不满意 技术水平：□很满意　□满意　□一般　□待改进　□不满意 服务态度：□很满意　□满意　□一般　□待改进　□不满意				客户负责人签名	
用户建议：					
报修时间		到位时间		服务结束时间	
电话回访情况				签字：	
服务主管意见				签字：	

表 9-6　关键客户销售/服务记录表

序号	日期	服务内容	新需求	应对措施	备注
1					
2					
3					
4					
5					
6					
7					
8					
9					

表 9-7　铸造企业客户调查问卷范例

河南省金太阳精密铸业股份有限公司客户满意度调查表

调查日期	年　月　日	调查方式：□发至顾客填写　□电话询问 □走访　□其他	
客户名称：		联系人：	
地址：			
电话：	传真：	邮箱：	
备注：本调查表结果90分以上为优，80分以上为良，60分以上为及格，每季度由市场部召集相关部门负责人分析市场状况，针对客户不满意之处检讨原因，并提出改善对策。			

第九章　第七步 系统服务、升级关系

续 表

尊敬的客户：
　　您好！为了能使我公司更好、更准确把握解您的需求，改善我们的产品与服务，不断推进双方合作的发展与升级，实现共赢，特进行此项客户满意度调查。希望您在百忙之中给予我们客观的评价，如果您对本公司有其他要求或建议也请一并提出，您的建议是我们前进的动力，我们将虚心听取并及时改进。谢谢配合。

一、质量（　　/40分）　　　　　　　　　　　　　　　　　　　　总分：

1.您认为我公司产品的总体质量如何？
　　　　　□非常满意10分　□满意8分　□一般6分　□不满意4分　□极差2分
2.您认为我公司产品质量的稳定性如何？
　　　　　□非常满意10分　□满意8分　□一般6分　□不满意4分　□极差2分
3.您认为我公司的品质管理人员在品质异常处理工作方面的配合度及效率如何？
　　　　　□非常满意10分　□满意8分　□一般6分　□不满意4分　□极差2分
4.您认为我公司的产品包装和标志情况如何？
　　　　　□非常满意10分　□满意8分　□一般6分　□不满意4分　□极差2分

二、服务（　　/20分）

1.您认为我公司的产品供货能力如何？
　　　　　□非常满意10分　□满意8分　□一般6分　□不满意4分　□极差2分
2.您认为我公司销售人员的配合度如何？
　　　　　□非常满意10分　□满意8分　□一般6分　□不满意4分　□极差2分

三、交期（　　/20分）

1.您认为我公司的交付及时性如何？
　　　　　□非常满意10分　□满意8分　□一般6分　□不满意4分　□极差2分
2.您认为我公司产品交付的数量的准确性如何？
　　　　　□非常满意10分　□满意8分　□一般6分　□不满意4分　□极差2分

四、价格（　　/20分）

1.您认为我公司产品的价格如何？
　　　　　□非常满意10分　□满意8分　□一般6分　□不满意4分　□极差2分
2.您认为我公司的产品与同行业产品相比，性价比如何？
　　　　　□非常满意10分　□满意8分　□一般6分　□不满意4分　□极差2分

五、开放式沟通

1.请您说出最近我公司让您记忆最深刻的一件事情。
2.请您说出最近我公司让您最满意的一件事情。
3.请您说出最近我公司让您最不满意的一件事情。
4.您最迫切或最希望我们的哪项工作尽快做出改善？
5.您认为我们双方还能挖掘出哪些新的合作空间？
客户签名/盖章：

本章小结

彼得·德鲁克认为：企业的目的只有一个，那就是创造顾客。为了实现这个目的，企业的基本职能有两个：一个是营销，另一个是创新。

顾问式销售七步法的最终落点就在于"系统服务、升级关系"——这是B2B工业企业实现销售业绩可持续增长的源头所在。销售业绩源自哪里？当然是源自客户，源自我们能够比其他人更深刻地了解客户需求，并有能力为其创新出投入更小、回报更高的降本增效解决方案，源自我们因此而创造出的价值。

B2B工业企业发展客户的秘诀就在于：公司不仅仅是完成一次交易，而且能长期保持合作伙伴关系，相互成就，这才是双方利益最大化的共赢合作方式。

因此，我们的营销是价值沟通，我们的创新源自客户驱动和技术驱动，这一切，都是为了创建长期合作、互利共赢、相互成就的伙伴关系。

本章我们从T公司采购曹总对优秀供应商的3个心理期待切入，借助B2B工业企业中普遍存在的"二八定律"，剖析了客户关系维护在销售业绩增长中的重要性，并提出了客户分级管理的实战工具——ABCD客户分级服务表，结合案例"金太阳与L客户的相互成就之路"阐述了如下观点：不断升级客户关系，与优质客户建立战略合作伙伴关系，是公司实现需求拉动式生产的必由之路。做好客户关系管理是业绩高质量增长的不竭源泉。

至此，我们为大家系统分享了顾问式销售七步法。

关于从锁定目标客户开始，到不断升级关系，形成战略合作伙伴关系，本章清晰地描述了：在B2B工业企业品牌营销体系下，B2B工业企业销售

第九章 第七步 系统服务、升级关系

人员不再是"卖东西"的人,而是致力于帮客户解决问题的专家;B2B 工业企业跟客户的关系也不再是"交易关系",而是相互成就的"伙伴关系";B2B 工业企业销售的重心也不再是"销售产品和服务",而是"建立、维护和发展客户关系"……

从下一章开始,我们将和大家一起来分享 B2B 工业企业销售部有关日常运营和管理的方法和技巧。

运营篇

B2B工业企业销售部日常运营与管理

作为B2B工业企业效益实现最直接的执行者,"射门得分"的销售部在企业经营中具有举足轻重的作用——短期来说,销售工作是否高效,关系到公司经营目标的达成与否;长期来说,销售工作是否卓有成效,关系到企业的生死存亡。因此,B2B工业企业销售部的日常运营与管理工作,至关重要。

第十章我们先来探讨B2B工业企业销售部的职能与常规流程,在此基础上,我们分三条线:业务线、组织线、成长线来详细阐述销售目标分解与业务管控、销售经理职责和团队管控、销售人员成长与队伍建设三个方面的运营和管理方法与技巧。

第十章
销售部的职能与兄弟部门的协作

销售是 B2B 工业企业营销工作的重要组成部分。在日常工作中,销售部是与客户连接最紧密、接触最频繁的部门,是连接公司与客户的桥梁与纽带,也是公司最重要的品牌接触点。

建立以客户为中心的销售团队

2020 年,笔者曾作为工信部品牌培育专家成员到贵州省某传统制药企业 M 做品牌诊断和调研,其间受访企业提到关于营销团队组织建设的一个细节,引起了我极大的兴趣。

M 公司花重金聘请了一位"医学博士"来做市场推广。M 公司认为:现在医药行业也面临产品同质化严重的困境,如果公司还按照传统的思路,找"药学博士"来做市场推广,面对临床经验丰富的主治医师群体,就难免又走到了"王婆卖瓜,自卖自夸"的老路上。

M 公司的做法,让笔者联想到自己在一家台资企业 Q(生产汽车零部件、压缩机配件等)做咨询项目访谈时,当时那位采购经理脱口而出的一句话,到现在都记忆犹新。她说:"我最讨厌的一类销售人员,就是总站在我的对立面思考问题的人。"

时至今日,建立以客户为中心的销售团队已经成为越来越多 B2B 工业企业的共识。

口若悬河、舌灿莲花,擅长 KTV、喝大酒、搞关系的销售人员,在 B2B 业务中越来越不受客户和市场待见,而专业能力扎实、能洞察客户问题并提供定制化产品和服务的销售人员,越来越成为客户的"座上宾"。

X 公司(铸造涂料产品及解决方案服务商)负责华中区域的赵经理在一次内部客户开发案例分析会上说:"现在的客户真有意思,武汉这个客户,不是我主动去开发的,而是他们主动找上门来的,花钱请我们研发部负责人周经理上门去帮他解决问题,不但差旅费是他们出,后来问题被顺利解决了,还要给周经理发红包,周经理没好意思收……"

无独有偶,K 公司(地坪研磨机)负责内蒙古河套地区销售的黄经理也分享了这么一件趣事:他在当地的最大的一家客户,先前使用的设备是竞争厂家的,后来在施工过程中研磨效果总是不稳定,客户特别担心将来自己无法按期兑现合同。黄经理在一线做过两个月的施工,比较有经验,当时他正好在当地走访客户,顺便就给这家客户做了下技术指导,结果效果非常明显,解决了客户的心头大患。于是,这家客户瞬间就成了黄经理的"铁粉"——内蒙古人热情又实在,请客吃饭少不了,后来再买设备就都从黄经理这里买了……

第十章　销售部的职能与兄弟部门的协作

B2B 工业企业销售部的基本职能

大多数 B2B 工业企业的组织架构中，营销工作都主要由两个职能部门来承担，一个是市场部，一个是销售部，如图 10-1 所示。

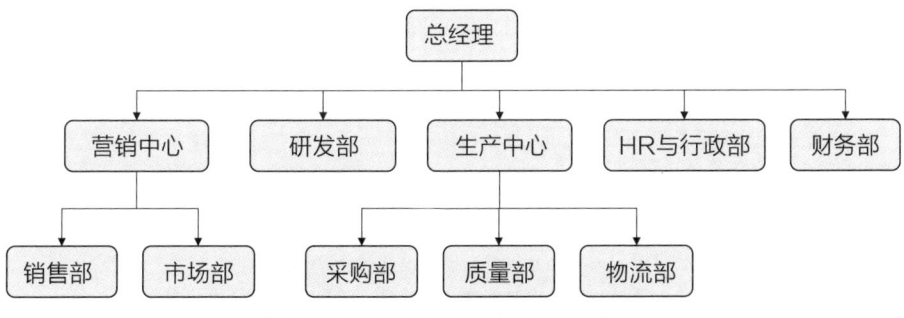

图 10-1　B2B 工业企业基本组织架构

市场部的五大基本职能是：企划与创意、设计与制作、媒介与网络、公关与活动、渠道与客户。详情可参照拙作工业品牌营销三部曲之《工业品市场部实战全指导》一书。

销售部的五大基本职能是：战略与布局、获客与转化、客情与复购、服务与协调、培训与督导。具体工作内容如表 10-1 所示。

表 10-1　销售部五大基本职能

销售部职能	工作内容
战略与布局	（1）参与公司战略规划制定和市场布局安排，并根据战略目标制订年度销售计划； （2）负责起草、制定、审核销售管理制度、销售政策、销售人员考核和奖励办法； （3）根据每个细分市场情况，合理分解销售目标和辅导制订销售策略和工作计划； （4）参与制订新产品上市营销方案，并积极落实执行，跟进销售动作和客户反馈； （5）负责收集客户需求信息并反馈给公司相关部门，促进公司产品、服务的升级迭代； （6）负责收集竞争对手及市场信息，促进公司及时调整、优化经营思路和营销策略； （7）负责整合、优化市场资源配置，提升销售系统的运行效率

续　表

销售部职能	工作内容
获客与转化	（1）根据年度、季度、月度当期既定的销售目标来制订获客行动计划； （2）根据销售团队成员特点，调动积极性，督导其完成行动计划，达成业绩目标； （3）协同市场部做好目标市场活动策划、传播推广、引流获客及促销工作，并积极反馈结果； （4）协同市场部进行公司VI物料、客户资料、产品包装等设计和优化； （5）协同市场部做好销售技巧、市场推广物料的传播和使用工作； （6）锁定目标客户，并通过电话、微信、面访等形式初步接触和拓展新客户； （7）建立和加强信任，针对有意向的客户做进一步的跟进，促进销售转化； （8）负责销售合同的签订、审核、执行跟踪、监督、检查工作； （9）定期对获客、转化销售动作进行复盘和优化，不断提高工作效率
客情与复购	（1）根据年度、季度、月度当期既定的销售目标来制订客情维护和客户复购和转介绍行动计划； （2）负责收集、整理、归纳客户资料，对客户数据进行分析整理； （3）负责客户和渠道商开发、分级管理工作并负责客户的关系维护； （4）负责对渠道商、客户进行相关产品培训和技术支持； （5）客观、及时地反映客户的意见和建议，不断完善客情维护工作； （6）协同公司市场部策划、组织、实施客户满意度调查和回访工作
服务与协调	（1）协调生产和仓储物流部门按时发货交付； （2）协调售后服务和技术支持部门保障故障处理效率； （3）协调公司高层或相关部门与客户的互访沟通； （4）协调客户相关部门按企业回款制度结算货款； （5）协同公司策划、组织、实施客户服务活动
培训与督导	（1）根据年度、季度、月度当期既定的销售目标来制订培训和督导计划； （2）动态收集目标市场有关信息，掌握市场竞争动态，了解销售人员状况，提出改进方案和措施； （3）督导销售团队成员填写工作日志、销售日报及核对和填制销控表； （4）监督各辖区市场销售计划执行情况，给予辅导并及时将销售进展报告公司； （5）负责直销与渠道销售团队的组建、调整、辅导及优化； （6）负责销售团队成员的绩效考评、费用管理与控制； （7）协同市场部策划目标市场运营方案并监控执行结果

当前，众多B2B工业企业销售部都处于"野生"状态，销售团队表现好坏，常常取决于其管理者的水平；而销售业绩表现好坏，又往往随外部市场环境的波动而起伏不定。

上述B2B工业企业销售部五大职能覆盖了销售工作全流程，既从公

第十章 销售部的职能与兄弟部门的协作

司战略高度着眼,又从销售执行细节入手;既从高效达成目标的销售本职工作出发,又注重与市场部等公司兄弟部门协同,力求"团结一切可以团结的力量",整合公司内外部资源,以更小的投入获得更好的产出,帮助B2B工业企业真正实现销售业绩可持续增长。

B2B工业企业销售部与相关部门的协作

销售部是B2B工业企业与客户联系和沟通的桥头堡,因此几乎每天都需要和公司内部财务部、市场部、仓储物流、生产部、技术服务部等部门沟通和协调,以确保更好的客户体验和满意度。

首先,销售部与市场部的协同是最紧密的。如果把销售部比喻成"作战部"的话,那市场部就是"参谋部"。销售部的工作主要聚焦在LTC(leads to cash)——从线索到现金。市场部的工作要更宽泛些,根据公司战略,市场部需要"顶天立地"——不仅要支持销售部,达成当期销售业绩,还要有长远眼光,让产品和服务"更好卖",让销售人员"卖得好",让客户关系"更持久"。

表10-2是销售部和市场部协同作战的策略生成工具表,可根据顾问式七步法,在销售部作战的每个步骤中,呼唤市场部的"炮火支援"和协同。

表10-2 B2B工业企业营销协同作战沙盘

基本动作	炮火支援(可采用的工具和资源)								
	线索提供	销售工具	经验分享	专题培训	展会支持	技术交流	高层拜访	直播获客	行业论坛及讲座
锁定客户									

续 表

基本动作	炮火支援（可采用的工具和资源）								
	线索提供	销售工具	经验分享	专题培训	展会支持	技术交流	高层拜访	直播获客	行业论坛及讲座
建立关系									
洞察需求									
塑造价值									
处理异议									
签订合同									
升级关系									

除了上述销售业务协同，在日常工作中，市场信息收集和分析、新产品的开发和上市、市场资源调用和活动策划、辖区市场推广计划与执行等工作都需要两个部门做好协同工作。

销售部和市场部的协同可通过月例会等机制来保障，如图10-2所示。

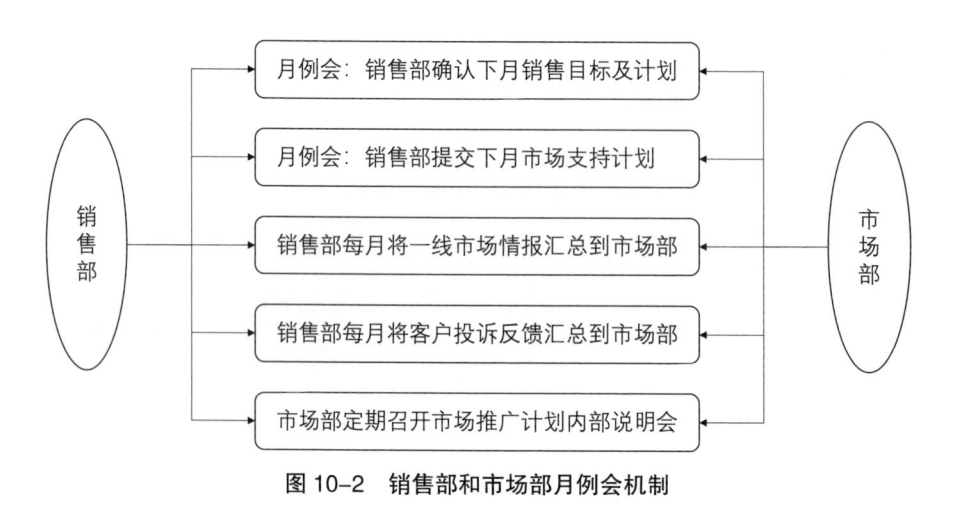

图10-2　销售部和市场部月例会机制

销售部 ↔
- 月例会：销售部确认下月销售目标及计划
- 月例会：销售部提交下月市场支持计划
- 销售部每月将一线市场情报汇总到市场部
- 销售部每月将客户投诉反馈汇总到市场部
- 市场部定期召开市场推广计划内部说明会

↔ 市场部

| 第十章　销售部的职能与兄弟部门的协作

其次，销售部需要跟财务部做好沟通和协调。如果说销售部是赚钱的部门，那么，财务部就是管钱的部门，其中"开源"——客户回款，"节流"——企业各项费用支出是工作重点。销售部的如下工作需要与财务部密切协作。

（1）差旅费、招待费等费用报销；

（2）开具发票，与客户对账；

（3）对销售回款和应收账款的管理；

（4）对客户信用额度的管理；

（5）客户业绩贡献和产品业绩贡献的数据分析；

（6）销售费用的管理。

最后，销售部还需要和仓储物流、生产部、技术服务部的同事做好沟通和协调工作。对 B2B 工业企业来讲，质量、成本、交期是产品和服务质量的基础，不仅要保质保量地把产品生产出来，还要能按时送到客户手中，保障客户顺利生产和使用，这样才算是按照合同约定完成交付了。

销售部与各部门的紧密协作，不仅让回款工作变得容易了，而且让客户复购和转介绍变得水到渠成。形成良性循环后，销售工作就会变得越来越容易了。

B2B 工业企业销售业绩提升的 3 种根本途径

"如何提升销售业绩"绝对是一个让所有 B2B 工业企业老板血脉偾张的话题——销售业绩是企业做强做大的源头活水。对 B2B 工业企业来讲，销售业绩可以用如下公式来表达：

销售业绩 = 产品（需求点）× 潜在客户数量 × 客户转化比率 × 平均成交额度和频度

简单来说，B2B 工业企业的销售业绩从哪里来？来自直指客户需求的解决方案，来自企业的品牌影响力、销售人员走访效率、潜在客户信息挖掘能力及老客户关系维护能力等，还来自销售团队和渠道系统的战斗力——把现有的客户需求满足好、把可能的客户需求挖出来……追本溯源，有如下 3 种根本途径。

丰富和优化产品线，创造业绩增长点

B2B 工业企业通过市场调查和长期的产品服务经验，一般对用户需求都有清晰的认识，针对这些需求，再结合企业自身资源和技术专长不断丰富和优化产品线，是 B2B 工业企业销售业绩不断增长的原动力。

1. 完善原有解决方案，新增产品和服务项目

工业产品在一线使用过程中，使用者或厂方工程师会经常发现一些"美中不足"。

譬如：

（1）缺产品。厂方工程师常常会被问："你们那里有没有××产品？"

（2）缺辅件。主产品提供方往往会忽略了上下游产品也是影响解决方案成败的重要因素。

（3）缺工具。专业的工具在安装和调试过程中，无疑会为产品的专业性和成熟度加分。

（4）缺服务和培训。如果产品专业化程度高，新增服务项目也是业

第十章　销售部的职能与兄弟部门的协作

绩增长来源。

2. 面向更多应用领域，提供有针对性的解决方案

将现成的产品线和服务项目从原有行业移植到新的应用领域，例如：由机床行业移植到阀门、轨道交通行业等，无疑是 B2B 工业企业业绩增长的一大亮点——在花费成本不多的情况下，有机会使销售业绩翻番甚至更多。

扩充潜在客户数量，挖掘业绩增长源

根据 B2B 工业企业所能提供的产品和服务，定位、吸引和挖掘潜在客户，扩充"销售漏斗"是企业销售业绩增长的根本保证。

1. 增强品牌影响力

在市场竞争中，品牌影响力对 B2B 工业企业销售业绩提升的贡献怎么说都不为过。工业产品所在的行业往往专业化程度比较高，高、中、低档市场细分比较明确，企业梯队分级比较清晰，因此，在每个梯队为数不多的几家企业中，特点鲜明、优势突出的企业将吸引大量潜在客户。同时，借助"长尾效应"，品牌影响力的提升将为企业长期的业绩增长做出重要贡献。

2. 提高销售人员走访效率

提高销售人员走访效率，能让销售人员增加和客户、同行及上下游企业相关人员接触的概率，融洽业界关系。销售人员走访效率的提升不仅能大幅扩充潜在客户数量，还能精准定位客户，提高成交率。

3. 老客户关系维护

销售人员常说"开发10个新客户，不如维护1个老客户"，可见老客户关系维护的重要性。铸造行业的老客户，往往是提升销售业绩的主力客户，因此，维护好老客户显得尤为重要。老客户不仅可以带来新订单，而且可以为销售人员推荐更多客户，显然，做好老客户关系维护是扩充潜在客户规模的有效方法。

4. 参加相关行业展销会

有人对展销会做了这样的描述："在最短的时间内，在最小的空间里，用最低的成本做出最大的生意。"B2B工业企业的产品往往具有很强的行业或区域特征，而高品质的展销会正是将行业或区域资源进行有效整合的平台，企业精心策划、组织专业人员参加将带来大量的潜在客户和合作伙伴。

5. 参与和组织购销对接会

一些媒体或企业自行组织的购销对接会，针对性强、参会者专业化程度高，是B2B工业企业扩展潜在客户群体，甚至直接获得订单、增加销售业绩的有效途径。

6. 项目招标信息检索

B2B工业企业的大客户往往有行业性的招标采购中介平台，安排专人进行维护和定期检索，可能会有意外的收获，应该予以重视。

7. 数据库维护和信息挖掘

将各个渠道获得的潜在客户信息资料予以收集存档，通过短信群发、电话回访、销售人员拜访等方式"清洗"数据，也许会获得有价值的信息，

第十章 销售部的职能与兄弟部门的协作

这样也可以扩大潜在用户数量,获得有效订单。

强化销售和渠道力量,贡献业绩增长额

如何将大量的潜在客户转化成现实客户,并深入挖掘其需求,实现更多销量和购买次数是 B2B 工业企业业绩增长的关键环节。这个环节需要通过强化销售团队和渠道的"战斗力"来最终实现。

1. 扩充销售团队和招募更多经销商

最简单有效的增强战斗力的方法莫过于扩充"作战队伍",更多的销售人员和密集分销策略有助于将区域市场做深做透,有助于尽可能地挖掘市场潜力,提高总体销售业绩。

2. 制作和提供更高质量的销售工具

B2B 工业企业市场部应该为销售团队和渠道提供整洁美观、翔实有力的"销售工具",一般包括:名片和外形设计,企业宣传册(包含企业资质信息等)和产品样本册,企业宣传片等视频资料,产品简介等 PPT 演示资料,产品模型、样品和赠品,应用案例和相关证明材料(权威认证、客户反馈等),杂志广告和专访,业务管理表格系统,等等。

3. 加强培训和"软实力"提升

为了打造"无坚不摧,攻无不克"的销售团队和渠道系统,除了"武装到牙齿"的硬件配备,还必须注重"软实力"的提升。

首先,进行企业文化培训,加强沟通和联系;其次,建立简报、论坛等平台,增强向心力和凝聚力;再次,进行产品知识培训,加深对客户需求的认知和对产品特点的理解,提高对销售工具的应用能力;最后,进行销售技能培训（注：注重培训时机选择、培训组织形式），提高对目标市场的理解，提高业务拜访的效率，提高成交量。

4. "精细化"管理促业绩提升

有了差异化突出的产品线，庞大的潜在客户群，战斗力强悍的销售团队以外，要实现B2B工业企业销售业绩的大幅提升，还需要"精细化"的销售团队管理：行之有效的激励措施和奖惩机制是驱动销售系统这架庞大机器有序高效运转的保障。

增强B2B工业企业销售力量的5种可能途径

增强B2B工业企业销售力量有如下5种方式。

招聘更多的销售人员

数字化时代，新媒体方兴未艾，B2B工业企业与客户进行价值沟通的方式也变得越来越多元化。然而，通过销售人员进行直销依然是B2B工业企业营销工作的重头戏——中国是全球首屈一指的"大一统"市场，幅员辽阔，客户数量庞大，需求庞杂，在市场竞争日趋白热化的当下，B2B工业企业招募更多销售人员进行市场开发和客户关系维护，是增强销售力量的重要举措。

提供更好的销售工具

时至今日，销售团队已经能够使用更精良的销售工具（参照文章《销

第十章 销售部的职能与兄弟部门的协作

售人员必备的 7 种常规武器》[①]）来实现"谈笑间，樯橹灰飞烟灭"——轻松取得胜利。

加强专业技能培训

如果说前两项是硬件的话，销售人员的培训绝对是"软实力"的提升。B2B 工业企业可以因势利导、因材施教，采取如下 6 种方法来进行：导师讲授法、业务会议法、榜样学习法、自我进修法、教学相长法和外派学习法。

加强沟通，提高凝聚力

"心若在，梦就在。"——搭建沟通平台和建立常态化机制，让 B2B 工业企业销售人员的心与企业同在，让销售人员独自面对"强敌"时，能感受到企业团队的支持，这无疑是其排除各种杂念、抗拒人性弱点、提升销售业绩的强大助力。笔者认为：对中小型 B2B 工业企业企业来讲，至少有如下 3 种低成本方式可以提高销售人员的凝聚力：定期和不定期信息群发、公司简报定期发送、销售人员聚餐和会议等。

加强管控和激励，提高工作效率

在有限的人力、物力、财力条件下，提高销售人员单位时间产量无疑是 B2B 工业企业提高整体销售业绩的必由之路。除了通过前面 4 种鼓励和支持的方式，第五种方式更加直接和常用，那就是建立奖惩机制。"考核什么就得到什么"，对营销系统而言，诚哉斯言。

[①] 参考杜忠博客 https://www.cmmo.cn/b/794746/823703.html

销售，是艺术还是科学？

在一次 B2B 工业企业销售培训课上，老师提出了一个老生常谈的问题：销售，是艺术的成分多一些还是科学的成分多一些？

学员们众说纷纭：有的说是艺术的成分多一些，有些销售人员天生就是那块料，给点空间就能大展拳脚，靠的是感觉，凭的是天赋。有的说是科学的成分多一些，销售也是有规律可循的，必须遵循准确定位目标客户群、与客户初步接触、发掘客户的真实需求、设计和沟通解决方案、满足客户需求、推动成交，跟进服务等一系列步骤。即便是那些所谓的"精英型"销售，其成功也只是暗合了这一规律，自己没有意识到而已。还有的说销售的成长过程是一个由艺术向科学逐步推进的过程：艺术成分的比重越大，成功率越无法保证，可传承性越低；而科学成分的比重越大，则销售过程和结果越可控，并可以将这些宝贵的资源进行复制和传承。

为了进一步厘清这个问题，可以试想如下两种极端的状况。

第一，销售是艺术。英文 art 一词源自古希腊拉丁语 ars，原意是指相对于"自然造化"的"人工技艺"，指与人生密切相关的创造性学问。换言之，就销售而言，完全是依托销售人员个体的实践经验和人生体会，根据千变万化的市场情势，天马行空地去发挥、去创造，所谓"用户之妙，存乎一心""只可意会，不可言传"。那么，工业企业营销系统所能做的，只是提供平台，提供最基本的资源，然后最大限度地去发掘这样的"千里马"，成功与否只能靠一双慧眼和销售人员的悟性……显然，一个正常经营的现代工业企业，不可能依靠几个销售艺术家开展企业销售工作。

第十章　销售部的职能与兄弟部门的协作

第二，销售是科学。科学是通过研究和利用客观事物的存在及其相关规律，达到有效、便捷、低消耗、高产出等特定目的的方法和手段。从工业企业经营的角度来看，以最低成本博取最大收益的思想贯穿整个经营活动始终，而销售作为最重要的环节之一，如果能够实现完全"科学化"——通过特定的渠道发掘项目信息并装入"销售漏斗"，按照特定的标准筛选项目信息并分配给对应的销售人员，在恰当的节点自动开启按钮，然后销售这部"机器"就准确无误地开始执行顾问式销售七步法指令和流程……那么这时候，整个营销系统可以被视作一条自动化流水线，而销售则是财富变现的高效能机器。

回到现实，对大多数工业企业来讲，上述两种极端情况当然都不可能发生，但不得不说，拥有这样一条"不费心"的流水线、这样一台"会赚钱"的机器，还真是一个让大多数工业企业都梦寐以求的"乌托邦"。

事实上，工业企业的市场部所要承担的重任之一，正是将营销系统和公司管理中靠个人经验和领悟力来支撑的"艺术性"进行专业化吸收、提炼，总结其规律，并将这些规律应用于小至销售工具制作、媒体广告投放、公关活动组织、销售过程管理，大到渠道系统设计、营销组织架构、战略发展规划等企业经营实践中，使之"科学性"逐步增强。

所以，销售，是艺术也是科学，B2B 工业企业要求市场部不断以专业能力确保企业经营的业绩增长和可持续发展。

本章小结

在中国经济从高速增长转向高质量增长的时代大背景下，B2B 工业企业销售部的职能也在随公司的转型升级发生着深刻的变化——从以产品为中心"卖产品"走向以客户为中心"提供专家服务",为此,本章中我们总结和提炼了涵盖当前 B2B 工业企业销售部工作的五大职能模块:战略与布局、获客与转化、客情与复购、服务与协调、培训与督导。在此基础上,还探讨了销售部与市场部、财务部、仓储物流、生产部、技术服务部等兄弟部门的协作要点,进而探讨了提升销售业绩的 3 种根本途径和增强 B2B 工业企业销售力量的 5 种可能性。

下一章,我们将和大家一起来探讨业务线:销售目标分解与业务管控。

第十一章
业务线：销售目标分解与业务管控

B2B 工业企业可以根据 3 年战略发展目标，推演出本年度销售额目标，再根据各业务模块的"潜在产能"进行权衡，得到公司总体年度目标。并将公司总体年度目标分产品别、区域别、时间别、客户别、部门别、销售别 6 个方向进行沙盘推演，尽可能集思广益、打开思路，如图 11-1 所示。

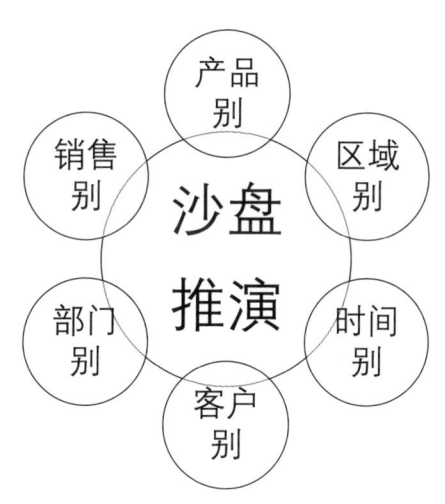

图 11-1　公司总体年度目标沙盘推演

在此基础上，B2B 工业企业可以将年度销售额目标分解到各细分市场中，并结合每个细分市场上的目标客户画像、产品组合、价格策略、渠道策略、促销方式等工作进行业务推演，如图11-2所示。

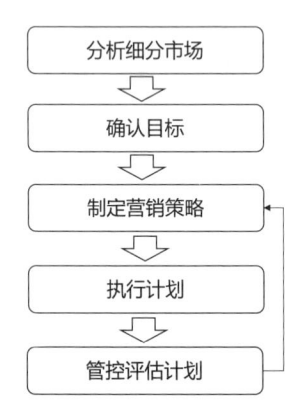

```
分析细分市场
    ↓
  确认目标
    ↓
 制定营销策略 ←┐
    ↓         │
  执行计划     │
    ↓         │
 管控评估计划 ─┘
```

图11-2　B2B工业企业细分市场业务推演

综上所述，我们可以看到：

第一，销售目标的制定是公司自上而下、自下而上反复互动推演的过程，目的是让目标制定尽可能与实际业务发展要求相适应。

第二，销售目标的制定并不只是拿到一个数字，而是以数字为牵引，来做年度销售工作的策略推演和制定。

第三，销售目标的制定与分解并不只是从公司分解到各辖区市场，各销售人员所负责的辖区市场也有必要根据产品别、区域别、时间别、客户别、部门别、销售别6个方向来进一步推演营销策略和制订年度销售计划。如果辖区团队成员少，甚至只有销售经理1人，也应该做产品别、时间别、客户别的策略推演，以明确销售目标达成所需要的公司和行业资源支持，确保销售目标的顺利达成。

第十一章　业务线：销售目标分解与业务管控

销售目标制定的六大作用

没有目标就没有动力。销售目标制定在 B2B 工业企业销售工作中非常重要，不仅对 B2B 工业企业至关重要，对销售人员个人绩效提升和成长发展也举足轻重。

销售目标为组织提供前进的动力

B2B 工业企业销售目标往往是公司战略和战术的统一，是各方充分讨论公司长远发展目标和当期业绩目标、在权责方面达成共识的结果，能让公司凝心聚力、团结一致向前。

销售目标为组织提供绩效考核依据

公司层面的销售目标往往也是公司各项工作目标的综合。在销售目标的牵引下，公司内部各部门也能根据部门职责设定自己的工作目标，并制订相应的工作计划，形成绩效考核的相关指标。

销售目标为业务管控提供控制点和抓手

没有销售目标的分解作为控制点和抓手，销售业务管理的不确定性就会变得非常大。凭感觉管理、靠"鸡血"激励往往是 B2B 工业企业销售工作过于粗放、人效偏低的根本原因。

销售目标为调整营销策略提供方向指引

B2B 工业企业销售目标的制定是具有前瞻性和预测性的。在销售工作实施过程中，总会有来自企业内外部经营环境变化的影响，此时，我们难免要对营销策略做出相应的优化和调整。销售目标达成情况，是分析和决策的重要依据和指标。

销售目标为销售工作水平和绩效提供衡量标准

B2B 工业企业销售决策周期长、产品和服务形态比较复杂，对销售人员的基础素质和工作技能提出了更高的要求，销售目标的达成是衡量 B2B 工业企业销售工作水平和绩效的重要标准和依据。

销售目标激励销售人员不断提高认知和技能

B2B 工业企业的销售目标是激发销售团队成员成就感的重要工具——在向自己的销售目标挺进的过程中，销售人员感受到的不仅是压力，还有顺利达成销售目标的成就感、超额完成销售目标自豪感，因此，销售目标对销售人员来讲，是压力，更是动力，是前行路上丈量成功的刻度和标尺，是抵抗挫折感和职业倦怠期的重要武器。

当然，销售目标也是优秀的 B2B 工业企业销售人员提升认知和技能的动力来源。不断追求更快更优地实现销售目标，是销售人员成长的不竭动力。

第十一章　业务线：销售目标分解与业务管控

B2B工业企业销售目标七要素

B2B工业企业的销售目标往往是销售额、利润、回款、费用及活动、新产品销售收入、新客户开发数量、销售活动和行为等指标的组合，如表11-1所示。

表11-1　B2B工业企业销售目标七要素

销售目标常见指标	概述
销售额	一般有两种情况：一定销售周期内的销售金额，或销售产品数量。 例如：考核期内销售收入达到××万元，考核期内销售量达到××万吨等。
利润	约定利润目标（包括毛利润目标、净利润目标等），可以督促销售人员在目标客户的选择上提高要求，让销售人员创造出能给企业带来利润的销售额。 毛利润目标。要注意，因销售人员无定价权且无法控制制造成本，因此不能对毛利润负全责。 净利润目标。要注意，不能为了追求净利润而过度削减销售费用，否则会导致市场开发工作滞后。
回款	按期回款是B2B工业企业销售人员非常重要的工作质量指标，也是良好客户关系建立、维护和升级的基础。 例如：考核期内实际回款率达到××。
销售费用	当前，B2B工业企业销售人员的差旅、交通、餐饮、招待、娱乐等费用是一笔巨大支出，做好销售费用预算和管理也是一项重要指标。 例如：考核期内销售费用控制在××万元以下。
新产品销售收入	为了督促销售人员投入足够的精力做新产品销售，需要对销售人员设定销售收入目标。 例如：考核期内新产品销售收入占比不低于××。
新客户开发数量	为了督促销售人员投入足够的精力做新客户开发，需要对销售人员设定新客户开发数量目标。 例如：考核期内新客户开发数量不少于××家。
销售活动和行为	销售目标不仅包括上述结果指标，也包括销售活动和行为指标——没有良好的过程管控，就不可能有可靠的结果表现。 例如：考核期内销售经理每月出差不少于15天，每月拜访新客户不少于20家，每天23:00点前提交销售日志等。

续表

销售目标常见指标	概述
其他	也有企业采用坏账率、营销计划完成率、市场占有率等指标来设定销售目标,可根据B2B工业企业实际工作需要参考设定。
备注	笔者提醒:尽管B2B工业企业销售工作相对复杂,设定多个维度的销售目标是有必要的,但切忌太多,核算方法过于烦琐。因为这样会导致销售人员对工作目标感到模糊,分不清重点,不利于销售工作的开展。

B2B工业企业销售预测6种方法

B2B工业企业销售预测不仅对销售工作有很大影响,而且对生产、仓储物流乃至企业经营、人力物力投入都有着非常重要的作用,如表11-2所示。

表11-2 B2B工业企业销售预测对企业经营的影响

影响方面	预测过高	预测过低
销售人员	压力过大,容易自暴自弃	没有压力,错失市场机会
生产部门	产能过剩,造成大量浪费	产能不足,不能按期交付
仓储物流	库存过多	库存不足
市场推广费用	预算高,浪费多	预算低,不能满足正常需求
HR部门	人员过剩,绩效考核目标高	人员不足,临时招聘质量差
财务部门	财务预期过于乐观,风险大	财务预期过于保守,压力大
其他	如:公司投资等	

为了更加科学合理地完成B2B工业企业销售预测工作,一般有如下6种常用方法,如表11-3所示。

第十一章 业务线：销售目标分解与业务管控

表 11-3 B2B 工业企业销售预测 6 种常用方法

	预测方法	具体内容	优点	缺点
定性方法	高层主管意见汇总	汇总公司高层主管的意见，包括营销、财务、生产、采购等	多专业、多角度预测更全面，更容易在公司内部达成共识	预测较为笼统，不好做进一步分解
	销售团队意见汇总	汇总公司一线销售团队意见	预测比较能反映当下的市场情况，容易分解到产品、区域和客户	预测缺乏前瞻性，且主观性较强
	第三方调研整合法	基于公司未来3~5年发展战略目标，汇总高层主管意见和销售团队骨干意见	凝聚公司内部共识	需要第三方深入了解公司市场业务
定量方法	递增法	在以往实际销售业绩的基础上，按一定百分比进行递增，预测本期销售目标	操作简单易行	如经营环境有大变化需要调整
	目标分解法	将公司战略目标层层分解，直到"千斤重担大家挑，人人头上有指标"	权责共担	没有广泛共识，缺乏具体策略支撑
	第三方策略驱动法	基于公司的发展战略目标，分解到当期和辖区市场，并协助制订辖区市场运营计划	目标有共识，执行有策略支撑	需要第三方深度介入具体市场和熟悉业务
备注	对B2B工业企业来说，销售预测和目标制定的过程，也是各方达成共识和生成策略的过程，磨刀不误砍柴工，值得多花一些时间做探讨和共创			

销售目标分解和计划制订

B2B 工业企业销售目标和计划制订基本模式有如下两种。

第一，指令式：高层制定，层层向下分解。这种方式的优点是简单快捷，缺点是执行层销售人员缺乏参与感和认同感。

第二，汇报式：销售工程师估计销售目标，层层上报汇总。这种方式的优点是数据来自一线，执行层的销售工程师比较有认同感，缺点是站位不够高，从数量和维度上不容易达成高层战略意图和经营预期。

在实际工作中，往往需要上下互动，达成共识。如图11-3所示。

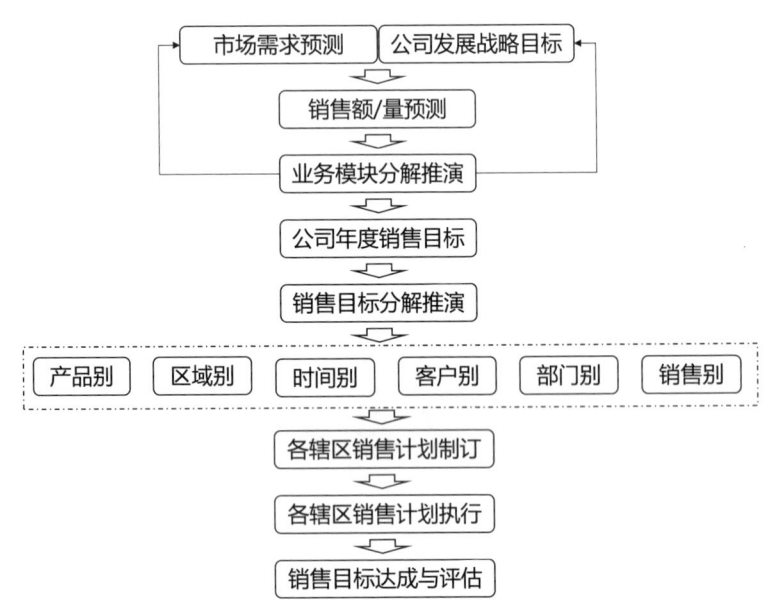

图11-3 B2B工业企业销售目标制定和计划分解实操流程

在B2B工业企业销售目标制定和计划分解中常用的几个工具表，示例如表11-4、表11-5、表11-6。

表11-4 产品别销售目标制定和计划分解工具表

产品别销售额/万元		去年实际销售业绩		今年预计销售目标	
		占比/%	销售额/万元	占比/%	销售额/万元
现金流产品组	A				
	B				
	小计				

第十一章 业务线：销售目标分解与业务管控

续 表

产品别 销售额/万元		去年实际销售业绩		今年预计销售目标	
		占比/%	销售额/万元	占比/%	销售额/万元
高利润产品组	X				
	Y				
	小计				
其他产品组	1				
	2				
	小计				
总　计					

表 11-5　客户别销售目标制定和计划分解工具表

客户别 销售额/万元		去年实际销售业绩		今年预计销售目标	
		占比/%	销售额/万元	占比/%	销售额/万元
A级客户	A				
	B				
	小计				
B级客户	X				
	Y				
	小计				
C级客户	1				
	2				
	小计				
总　计					

表 11-6　时间别销售目标制定和计划分解工具表

月　份		1月	2月	3月	4月	5月	6月	7月	8月	9月	10月	11月	12月	合计
总销售额	上年度实际													
	本年度预测													
交易客户数量	上年度实际													
	本年度预测													

续 表

月份		1月	2月	3月	4月	5月	6月	7月	8月	9月	10月	11月	12月	合计
A区域	上年度实际													
	本年度预测													
B行业	上年度实际													
	本年度预测													
C客户	上年度实际													
	本年度预测													
备注														

销售业务过程管控的2+3张工具表

B2B工业企业各辖区销售目标分解和计划制订后，就需要从结果和过程对执行情况进行管控。

表11-7、表11-8是对细分辖区市场进行销售结果管控的两张工具表。

表11-7 细分辖区市场销售目标完成情况统计表

细分市场界定				
目标客户画像				
负责人			上级主管	
财务目标（生存）				
市场区域/客户	销量	利润率	回款	费用

第十一章 业务线：销售目标分解与业务管控

续 表

市场目标（发展）			
市场区域/客户	新客户线索	新客拜访量	老客户回访	客户转介绍

表11-8 细分辖区市场销售目标达成策略简表

年度目标	业绩目标			
	整体思路			
目标分解	第一季度	第二季度	第三季度	第四季度
策略措施	序号	关键策略		针对目标
	1			老客户/老产品
	2			
	3			老客户/新产品
	4			
	5			老产品/新客户
	6			
	7			新产品/新客户
	8			
	9			其他
	10			
需要资源和支持	序号	目标完成需要的资源和支持		备 注
	1			
	2			
	3			
	4			
备 注	本表可帮助我们梳理思路，明确工作目标，同时方便各部门配合协调。整体改善方案源自公司战略需要、您的改善措施建议、X公司客户的直接要求以及第三方机构的专业建议、其他公司的优秀实践经验，请认真填写。			

成长型企业销售部实战全指导

表 11-9、表 11-10、表 11-11 是对细分辖区市场销售过程管控的 3 张工具表。

表 11-9 ×××有限公司销售人员月报表

客户经理： 　　　　　　　　　　　　　　　　　　　　　年　　月　　日

项目	内容	重点详述
销售进展总结	新签合同____份	
	回款金额○有○无	
	老客户回访____位	
	新客户拜访____位	
市场动态分析（重点客户新动向）		
竞争对手动态分析	品牌/型号	
	竞品价格	
	销售政策	
	近期动向	
	对策和建议	
下月工作要点计划及销售预测		
合理化建议和设想		
工作评价	主管意见	公司意见
填表说明	一、填表目的和意义 1.公司汇总和掌握市场动态信息，制定相应的市场营销策略； 2.主管准确了解团队成员工作状况，及时给予支持和指导； 3.公司充分了解员工日常工作状况，使考核和激励更加公允 二、填表人 所有参与销售工作的主管和员工 三、何时填写及呈报 每月24日前呈报直属领导 四、考核方式暂定：全勤奖发放（与销售管理制度相结合）	

第十一章 业务线：销售目标分解与业务管控

表 11-10 ×××有限公司销售人员周报表

客户经理： 　　　　　　　　　　　　　　　　　　　年　　月　　日

项　目	内　容		
销售进展总结	1. 2. 3.		
市场动态分析	1. 2. 3.		
市场信息汇总	1. 2. 3.		
竞争对手动态分析	1. 2. 3.		
下周工作要点和计划			
工作评价	主管意见		公司意见	

表 11-11 ×××有限公司销售人员日报表

星　期	主要内容			
一	客户拜访	姓名	联系方式	□搜集市场信息□初次拜访□回访□签订合同
	信息搜集 新签合同 回款情况	1. 2. 3.		
二	客户拜访	姓名	联系方式	□搜集市场信息□初次拜访□回访□签订合同
	信息搜集 新签合同 回款情况	1. 2. 3.		

续 表

星期	主要内容				
三	客户拜访	姓名	联系方式	□搜集市场信息□初次拜访□回访□签订合同	
	信息搜集 新签合同 回款情况	1. 2. 3.			
四	客户拜访	姓名	联系方式	□搜集市场信息□初次拜访□回访□签订合同	
	信息搜集 新签合同 回款情况	1. 2. 3.			
五	客户拜访	姓名	联系方式	□搜集市场信息□初次拜访□回访□签订合同	
	信息搜集 新签合同 回款情况	1. 2. 3.			
六					
日					

B2B 工业企业销售人员不愿到一线去怎么办？

我有一个咨询 B2B 工业企业销售问题的微信群，群里经常有人提问：为数不少的 B2B 工业企业销售人员习惯性地坐在办公室里处理工作，是因为提成激励不够，他们不愿意付出辛苦吗？还是因为差旅费受限，怕出差反倒让自己的利益受损？还是因为市场行情不好，跑着没成果，底薪还不

第十一章　业务线：销售目标分解与业务管控

错，就干脆待在办公室图安逸呢？还是因为产品和供应链体系支撑不够，觉得跑到了单子也做不好，干脆多一事不如少一事？到底是啥原因呢，到底应该怎么破这个局？

关于这些问题，我想先让大家了解一下我所认识的企业老板和人力资源经理是怎么说的。

山西戴德测控技术股份有限公司李总认为："个人认为解决销售人员工作动力不足问题，有以下几种激励手段：一是用足够的提成激励，这是对销售人员最有效的驱动方法；二是股份激励，为销售人员创造归属感；三就是相对合理的管理制度。"

长治市康维尔输送带有限公司崔总认为："建立周期性的述职报告机制，当着团队的面自己评价自己，下个周期员工就会自己约束自己了。"

来自广东的陈双老师建议："一是激励考核问题，如果跑客户的收益高于办公室，就没人肯留在办公室里。二是后勤支持，是否在费用、流程、后期服务支持方面做到位。三是督导，是否有客户拓展目标及日督促机制，要针对销售人员的工作计划核查每天的工作。"

来自四川成都的周冰老师建议："分享拜访客户的成果可以推动后续对客户的积极拜访。"

来自北京的张海龙老师强调：找到合适的人，再施以合理制度。

来自山东的陈成玉老师的建议：辞退。

赵蕾一针见血地指出："这个事情的原因主要在于激励体制不够好。而且从某种意义上说，并不是每个人都会做职业生涯规划的，公司的 HR 和老板如果不在早期给员工定位的话，当员工达到一个高度后，就会对工作有所懈怠了。"

来自天津的一位人力资源经理在看到问题后说:"底薪怎么设置最科学呢?我一直在实践,也总结了很多经验。"作为专业人士,她试图从薪资结构设计上来破局。

总结下大家的观点,大概有3类:

(1)着眼长远,从机制上解决问题,如辞退、招人等;

(2)从制度着眼,希望防微杜渐,如提成激励、费用支持、薪资结构审视等;

(3)从当下做起,希望能取得立竿见影的效果,如安排好办公室工作、述职报告、以计划总结进行监督管控。

这些建议都非常棒,可供大家在企业经营的不同阶段操作和应用。特别有趣的是,笔者在做B2B工业企业咨询服务的过程中发现:当下许多B2B工业企业常常把销售人员假设为"理性人",在此基础上提出和设置了许多管理机制和方法,结果却发现:大部分销售人员没有假设的那么"聪明"——很不幸,赵蕾的说法被屡次验证。

原因说了那么多,怎么破局呢?

具体执行中可采用长短结合的方法。

短期来讲,扎好马步:采用刚性的"年—月—周—日"总结计划体系,督促一线销售人员制订拜访计划,硬性监控,用3~6个月时间形成良好的业务跟进习惯。

长期来讲,辅导优化。从销售业务技能培训出发,建立持续的针对具体问题的培训辅导体系。这里特别要注意:不管是针对内部销售老手的培

| 第十一章　业务线：销售目标分解与业务管控 |

训还是从外部请师资来培训，一定要确保有非常强的课程设计能力，能直接面对问题设计课程，而不是照本宣科地培训，那样的话，还不如不做。因为销售人员时间宝贵，那种培训只会让他们看不起。

销售人员必须成为B2B工业企业转型升级的排头兵。在笔者咨询服务过程中发现：在B2B工业企业中，如果把企业比作一列火车的话，那销售团队就是这列火车的车头，如果车头没有内驱力，火车怎么动？因此，在以往比较粗放的运行中也许勉勉强强还能凑合的销售人员，到了转型升级的关键时刻，就不得不被清除，所谓不换思路，就换人。这真的是不得已的选择。用一位老板的话说：我们今天容忍他继续按老样子，可能不仅仅是业绩上不去的问题，他做不出业绩不要紧，最可怕的是他就像苹果腐烂的部分，你不清除他，整个苹果就都要坏掉。

大客户跟着骨干销售流失怎么办？

人力资源部门主管艾利丝刚刚来到CMO（Chief Marketing Officer，市场总监）的办公室，反馈新到岗不到3个月的一个销售工程师和一个销售内勤又提出离职申请，而这几个员工都隶属于西南大区；此外，最近还有几家经销商也好几次反映西南大区销售经理私自克扣市场费用等问题。新上任的CMO康总在送走了艾利丝后，陷入了沉思……

西南大区销售经理老牛是公司销售部的元老，他所管辖的区域是公司的两大根据地市场之一，销售额年年占据公司的一半还多。一直负责这片区域市场的老牛在当地经营已经超过8年了，凭着多年来为公司打拼立下的汗马功劳，就连公司高层遇事也会给他几分面子。

　　康总来公司后不久就了解了这些情况，本想等稳定一段时间再逐步想办法化解，可形势逼人啊，隔三岔五地发生状况，让新制定的营销政策、员工培训计划等都无法按规划进行。

　　全公司上下无数双眼睛都在看着他康总怎么处置眼下的问题……

　　两难啊。一头是硬似铁的销售指标，一头却是"一着不慎，满盘皆输"的博弈。

　　康总该怎么办？

　　相信大多数 B2B 工业企业的高层都遇到过类似的问题：公司销售明星业绩占销售总额的一半以上，几乎成了公司的"救世主"。于是，公司的许多制度被公然践踏，正常的工作流程被当成摆设，一条隐形的"绿色通道"在多方迁就下赫然形成。谁让人家是公司顶梁柱呢？一旦哪里不顺心，一走了之，公司的业绩不就一泻而下了吗？

　　真的吗？

　　或许有个别根基不稳的企业会，但绝大多数不会。在 B2B 工业企业销售工作中，关系的重要性毋庸置疑，但关系不代表一切，尤其是个人关系。销售精英跳槽者众多，但很少听到一个人跳槽就导致一家经营规范的公司轰然倒下的传闻。事实证明，B2B 工业企业销售工作中，关系的基点是企业品牌、稳定可靠的产品质量和系统服务能力，所以，如果一定要问："如果明星销售人员跳槽了，大客户会跟着走吗？"那需要企业自省：在目标市场中，你的企业品牌影响力是否超过了销售人员个人的影响力？

　　有没有方法一劳永逸地解决这个老大难问题呢？

> 第十一章 业务线：销售目标分解与业务管控

有。坚持"两手抓，两手都要硬"！

左手是品牌建设，这需要 B2B 工业企业市场部基于公司资源做长期规划和建设，具体方法请参阅《成长型企业如何打造强势品牌》；右手是管控，具体措施如下。

采用 CRM 客户信息管理系统

系统详细地记录销售人员与客户联络、见面的地点，会谈事项和结果及下一步跟进计划等，掌握销售人员基本工作状况。当然，对许多大设备销售型中小 B2B 工业企业，一开始就运作较为复杂的 CRM 系统可能不符合企业实际，老问题没解决反而增添了不少新问题，那么，初期可以建立销售工作周报和月报制度，用定期表格汇报的方式来解决（表格模板：参照 2+3 张工具表优化定制）。

专人进行客户管理和维护工作

有经验表明：B2B 工业企业销售人员开发一个新客户所花费的成本大大高于维护一个老客户成本的成本。事实上，大多数 B2B 工业企业销售人员的新业绩也往往来自老客户的推荐和协助。《世界经理人》杂志上有人撰文："一家企业合理的预算结构是 60% 的预算用于当前的客户（用户）；30% 的预算用于获得新客户；10% 的预算投入公司和产品的品牌建设和推广。"可见，企业委派专人进行客户管理和维护工作，不仅能有效管理客户信息，还将带来诸多潜在收益。

建立完备的销售工作交接制度

必须明确：B2B 工业企业销售工作交接是公司资源的让渡，不是个人资源的奉献。如果有销售人员离职，就必须对自己区域内的市场情况做出书面报告，并对离职前未成交的客户分出意向等级和说明未成交原因。

此外，应尽快安排合适的人手对区域市场进行交接，并在第一时间与客户沟通。

最后，与销售人员做好离职面谈至关重要，避免其离职后做出对公司有损害的过激行为。

定期进行销售人员培训

对 B2B 工业企业销售人员进行定期销售技能和产品知识的培训，一般可采取外聘讲师、相关职能部门交流和销售明星经验分享等形式，不仅能提高销售团队整体战斗力，也可将宝贵的销售经验和知识留住，形成公司层面的标准和流程，从而让公司和销售团队在日积月累中成长壮大。

合理的薪酬体系和激励机制

B2B 工业企业对销售团队的承诺一定要及时兑现，不得随意修改销售计划下达时所达成的协议和约定。设计合理的薪酬体系和激励机制，不仅要给予恰当的收入回报，而且要设置畅通的晋升机制，让销售团队获得较高的公司地位，看到成长的方向。

综上所述，只要 B2B 工业企业市场部的工作做到位，企业品牌影响力不断提升，销售和渠道的管控科学合理，"大客户会跟着骨干销售人员走

第十一章　业务线：销售目标分解与业务管控

吗？"就注定是个伪命题。

本章小结

销售预测、销售目标制定和计划分解是 B2B 工业企业销售工作中非常有技术含量的内容，是公司高层和销售工程师之间、兄弟部门之间，尤其是市场部和销售部之间就公司年度市场目标及执行方案凝聚共识、达成一致意见的过程。

本章从 B2B 工业企业销售目标制定的六大作用入手，总结提炼了销售目标的 7 个常见关键要素：销售额、利润、回款、费用及活动、新产品销售收入、新客户开发数量、销售活动和行为等指标，继而归纳了 B2B 工业企业销售预测的 6 种实用方法。

之后，从 B2B 工业企业销售目标分解和计划制订的两种基本模式出发，提炼出了 B2B 工业企业销售目标制定和计划分解实操流程图，并就其中比较常用的产品别、客户别、时间别销售目标制定和计划分解方法给出了参照工具表。

最后，重点探讨了 B2B 工业企业销售业务过程管控的 5 张实用工具表（前 2 张侧重结果管控，后 3 张侧重过程管控）。

在此基础上，结合实例深入探讨了两个 B2B 工业企业销售业务管控中的难点问题。

下一章，我们将与大家一起探讨：组织线——销售经理职责与团队管控。

第十二章
组织线：销售经理职责与团队管控

销售经理的工作是通过团队成员的共同努力来完成的，销售经理的成功主要取决于销售团队的成功。

在 B2B 工业企业中，优秀的销售经理往往本身就是公司的金牌销售和业务高手，但必须牢记：或许你的个人能力非常强，能比你团队中每一个人都干得更出色，但你不可能比整个团队干得更好。

完成从 top sales（顶级销售人员）到销售管理者的角色转变，是 B2B 工业企业销售经理的一大挑战，也是其职业生涯发展中的一个重要分水岭。

本章，我们就从销售经理职责与团队管控方面与大家一起来探讨和分享。

销售经理的 5 项基本职责

在第十章，我们总结 B2B 工业企业销售部的五大基本职能是：战略与布局、获客与转化、客情与复购、服务与协调、培训与督导。

相应地，销售经理的 5 项基本职责就是：计划、布局、督导、协调、培训。

第十二章 组织线：销售经理职责与团队管控

计划

即根据公司年度经营目标和市场需求预测，协同公司市场部一起制定年度销售目标，并按照产品别、区域别、时间别、客户别、部门别、销售别进行推演和帮助各辖区市场销售工程师制订销售工作计划。

布局

为了确保公司年度销售业绩目标的达成，销售经理要认真分析每一个细分市场，以及目标客户的需求特征、竞争对手的特点、拥有哪些行业市场资源。在此基础上，销售经理可以布局有针对性的产品和服务组合，以及适配的销售团队成员，做好排兵布阵的工作。

督导

督导各辖区市场销售人员按照顾问式销售七步法进行作业——协同市场部进行精准获客和通过内容运营、活动运营、媒介运营、客户运营来支持销售团队取得销售业绩。

销售经理定期通过公司内部业务管控系统或销售业务管控的2+3张工具表、销售部例会等形式对各辖区市场销售人员的工作进行监督和指导，促使其按时按量完成业绩目标。

协调

销售经理不仅是销售团队的领导者，也是销售团队工作运营的枢纽和大后方。帮助各辖区销售工程师协同和调动公司内部资源，确保销售工作顺畅进行，与此同时，也需要帮助各辖区销售工程师发掘行业资源，建立和搭建市场运营平台，促进销售业务进展，例如安排高层互访、样板客户考察、行业活动策划和组织等。

培养

建立和培养一支"胸怀全局、勇往直前、能攻善守"的铁血军团是销售经理最核心的工作，对B2B工业企业来讲，企业当期业绩目标的实现固然重要，拥有一支能支撑企业业绩可持续增长、能攻善守的销售团队，更加重要。

销售经理的大部分时间需要花在对各辖区销售工程师的培训和督导上，如果说销售经理的成功在于自己销售业绩的提升和个人不断成长上，那么，销售经理的成功就在于销售团队的业绩提升和每个团队成员的不断成长——因为成就更多人，销售经理的成功才显得格外耀眼。

从 top sales 到销售管理者的角色转变

从普通一线销售工程师，做到 top sales，是值得 B2B 工业企业销售人员一生自豪和骄傲的经历，而随着资历和年龄的增长，会有很多销售人员走上管理岗位，从亲力亲为，逐步转向驱动销售团队去创造更大的业绩成果。

第十二章 组织线：销售经理职责与团队管控

B2B工业企业销售人员的职业发展路线图

一般来讲，B2B工业企业销售人员从基层销售人员成长为销售部的管理者，会走过这样的路径：实习生（有时会从技术支持、售后服务、客户服务、车间实习等转入）、助理销售工程师、销售工程师、销售部经理、大区销售经理、销售副总（总监），如图12-1所示。

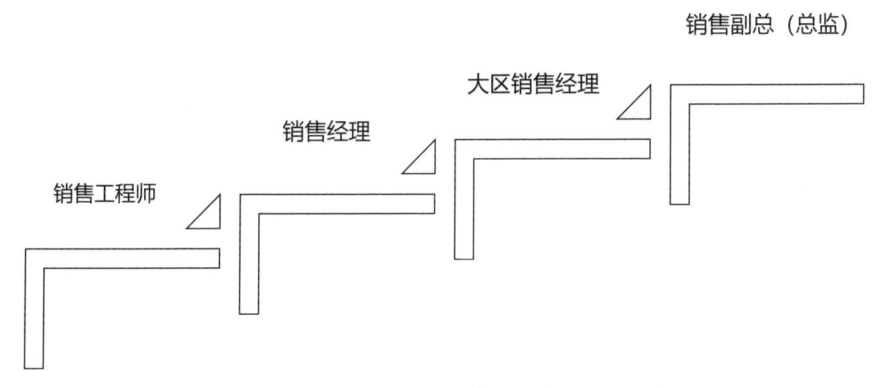

图12-1 B2B工业企业销售人员的职业发展路线

B2B工业企业销售人员走上管理岗位要适应的角色转变

B2B工业企业销售人员从一线销售岗位走上管理岗位，技能也需要不断升级，其中最主要的3类技能是：感知与决策技能、人际关系技能、产品与技术能力的嬗变规律，如图12-2所示。

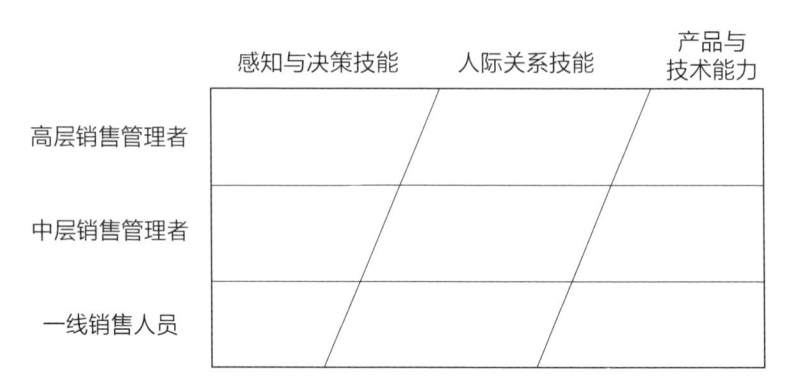

图 12-2　B2B 工业企业销售人员从一线到管理岗位胜任工作所需技能嬗变规律

从 B2B 工业企业"单兵作战"的一线销售工程师，到销售经理，再到大区销售经理人员及以上销售管理职位时，需要适应如表 12-1 中的 6 个关键转变。

表 12-1　B2B 工业企业销售升任销售管理职位必须完成的 6 个关键转变

关键转变名称	概述
认知升级	从着眼于自我管理和技能提升，到管理团队和督导团队成长；从着眼于自己目标完成，到站位更高，需要有站在公司决策层看问题的视角；从战略出发重新理解营销工作
目标变化	从达成自己的销售业绩目标，到如何激励团队实现组织目标
责任变化	从完成自己所负责的工作任务，到负责团队业绩目标完成、负责行政管理工作、负责为团队成员创造工作条件和队伍建设
成就感转变	从实现自己业绩目标中获得成就感，到带领销售团队达成销售目标所带来的成就感
技能要求变化	从产品和技术能力、与客户沟通的能力等完成个人目标的技能要求，升级为领导、计划、管理、激励和督导团队的能力
工作关系转变	从以前和其他销售团队的同事关系，到成为团队的领导者，要带领和督导销售团队成员达成销售任务目标

从 top sales 到销售管理者的角色转变是 B2B 工业企业销售人员职业生涯发展路径上一道非常重要的分水岭，如能顺利翻越，将让自己的发展空间得到大幅度的拓展。

第十二章 组织线：销售经理职责与团队管控

最受欢迎销售经理的八大特质

什么样的 B2B 工业企业销售经理最受团队成员欢迎呢？

在 B2B 工业企业中，对销售人员的管理有别于其他部门的团队成员管理。因为销售人员每天要东奔西跑、去拜访客户、去洽谈业务，工作压力大，任务时间紧，总要面对很多不确定的工作环境，接受诸多挑战，所以管理难度大，对销售经理的要求就很高。销售经理必须是出色的将才，才能协调好公司内外的关系，平衡好多方的利益，带出一个"胸怀全局、勇往直前、能攻善守"的销售团队，实现业绩目标，支持公司从一个胜利走向下一个胜利。

能够胜任 B2B 工业企业销售经理的角色，一般需要具备良好的领导力、较强的抗压能力和心理素质，还必须具备较高的情商和良好的沟通能力，时刻保持乐观和积极向上的精神风貌，是典型的"自燃型"的人。

他们不但要能够做到良好的"向上管理"——与老板和高层进行有效的沟通，争取到销售团队推进业务所需要的各项资源，更要能做到优秀的"向下管理"——坚持与人为善、公平合理但有坚定态度和立场的原则，与销售团队成员处好关系。他们还要精于业务，有主见和决断力，勇于承担责任，为下属争取应得的权益和机会，关心下属的个人问题，帮助团队成员不断成长。

综合来讲，最受欢迎的 B2B 工业企业销售经理往往拥有如下 8 项特质：

第一，公平公正，一碗水端平。能够让每位销售团队成员都感受到被公平对待。

第二，兼听则明，不刚愎自用。愿意做倾听者，听得进团队成员想说的话。

第三，虚心真诚，不贪功诿过。能够适时对团队成员赞美表扬，并向上请功。

第四，忠诚担当，会爱护下属。保证不让销售团队成员受到高层和其他部门排挤。

第五，有领导力，能协调各方。有能力协调公司内部各部门及外部市场资源。

第六，成人达己，愿成就他人。愿意积极协助和指导销售团队成员完成业绩目标。

第七，资源中心，能支持业务。能够给销售团队成员提供一切必要的资料、政策信息等。

第八，教练导师，促学习成长。热情指导销售团队成员提升认知和销售能力，学习成长。

工业企业销售组织 4 种常见模式

在大量的客户调研中，我们听到客户反馈：

"你们的销售人员，除了要钱，还会干什么？他懂现场吗？产品一问三不知。他懂客户需求吗？只知道王婆卖瓜，说自己的好。"

"你是说姓王那个小伙吧，我还有印象——他一年也就来我这里打一

第十二章 组织线：销售经理职责与团队管控

晃，主要是来催下款。"

……

随着市场竞争日趋激烈，买方话语权逐渐增大，客户需求升级，如何在及时响应客户需求的同时，又能提升销售工作效率，是值得所有工业企业深思的问题。

要从根本上解决这一问题，科学合理搭建销售组织是第一步，如下是工业企业销售组织搭建的 4 种常见模式。

区域管辖模式

区域管辖模式是较为传统和常见的销售组织模式，其特点是销售管辖界定比较清晰，销售经理长期深耕区域市场，可以深度把握客户需求，并能够整合公司、当地市场资源为客户提供较为全面的定制化解决方案，客户黏性高，有助于实现销售业绩可持续增长。其销售组织结构如图 12-3 所示。

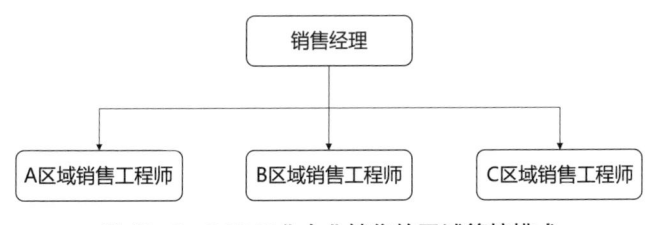

图 12-3 B2B 工业企业销售的区域管辖模式

但这种模式也存在自身局限性——当公司产品线品类较多时，对区域市场负责人的专业技能和时间管理要求显著提高，往往会造成其无法深度洞察客户需求，让客户服务简化为"被动服务"，导致客户黏度降低，容易让竞品有机可乘。

此外，在一些营销体系管理薄弱的 B2B 工业企业，如果公司高层对终端市场把握能力不强，也容易造成"地方割据"的问题，较为严重时，甚至有区域市场负责人带领团队"投敌叛变"的恶劣情况发生。

区域管辖模式的优缺点总结如表 12-2 所示。

表 12-2　B2B 工业企业销售的区域管辖模式优缺点分析

适用场景	1.产品单一或类似 2.产品性能不复杂 3.面对客户数量大 4.顾客分布地域广
优　点	1.区域经理权力集中，决策快 2.能与辖区客户建立深度关系 3.地域集中，费用低 4.人员集中，好管理
缺　点	不方便协同作战

产品线管理模式

产品线管理模式特别适合专家服务型工业企业，其特点是产品线负责人对产品专业知识有深入研发和应用经验，能够为客户提供定制化的专家服务，尤其是对精细化工、精密仪器等高科技应用领域比较适用。其销售组织结构如图 12-4 所示。

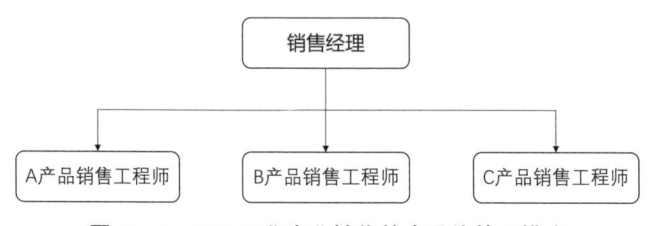

图 12-4　B2B 工业企业销售的产品线管理模式

第十二章 组织线：销售经理职责与团队管控

产品线管理模式更注重对客户服务的专业性，但从公司运营角度来讲，各产品线负责人所服务的区域可能会重叠，甚至会发生同一家公司的不同产品线负责人面对同一家客户的情况，造成工作重复、成本增加，甚至内部竞争等状况。

产品线管理模式的优缺点总结如表 12-3 所示。

表 12-3　B2B 工业企业销售的产品线管理模式优缺点分析

适用场景	1.产品种类多，性能差异大 2.产品比较复杂 3.客户分属不同行业，行业差异大
优　点	1.销售人员熟悉产品相关技术，便于培养专家型销售人员 2.销售环节与供应链联系紧密，产品供货更加及时
缺　点	容易造成地域重复，多人服务同一个客户，成本较高

大客户管理模式

大客户管理模式特别适用于对"大 B"型客户的长期深度服务。大客户往往在业界有一定的地位和影响力，其公司规模较大，决策机制相对复杂，他们对服务的要求比一般客户高。大客户对供应商的选择较为严格，对服务流程的可靠性和服务体系的支撑能力要求都比较高。其销售组织结构如图 12-5 所示。

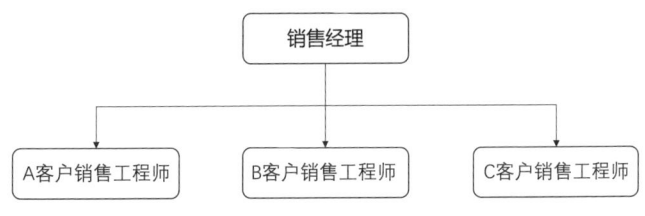

图 12-5　B2B 工业企业销售的大客户管理模式

大客户管理模式的优缺点总结如表12-4所示。

表12-4　B2B工业企业销售大客户管理模式优缺点分析

适用场景	1.销量集中于主要的大客户 2.客户采用集中采购模式
优　点	1.专人负责客户，客户满意度更高 2.能和客户建立长期关系 3.能为新品开发提供思路
缺　点	1.对销售人员要求高 2.客户流失风险较大 3.销售区域重叠，费用高

混合管理模式

随着我国市场经济发展日趋成熟，互联网技术在B2B工业企业营销工作中的应用越来越广泛和深入，目标客户和市场的需求不断升级，B2B工业企业所提供的产品、服务和解决方案越来越复杂和多元化，销售团队的组织结构也因此发生着深刻的变化——因网络营销和电商业务的发展，有的B2B工业企业单独成立了网络营销团队；为了更专业、高效地开拓海外市场，有的B2B工业企业特别成立了海外市场拓展部门……

销售组织采取哪种模式，取决于哪种模式能更好地服务客户，能让B2B工业企业以更小的营销投入，获得更大的业绩产出。为此，很多企业采用如图12-6所示的混合管理模式。

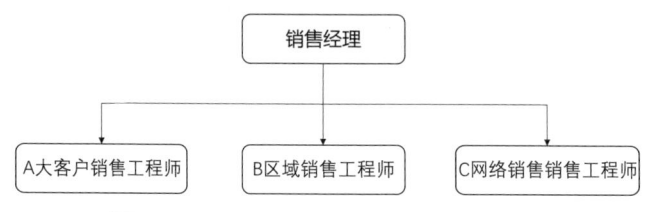

图12-6　B2B工业企业销售混合管理模式

第十二章 组织线：销售经理职责与团队管控

混合管理模式的优缺点总结如表 12-7 所示。

表 12-7　B2B 工业企业销售的混合管理模式

适用场景	1. 部分关键客户是主要收入来源 2. 重点区域需要深度服务 3. 线上线下销售需要区隔，有针对性地服务客户 4. 国内市场和海外市场需要区隔，以更好地服务客户
优　点	1. 针对客户特点提供定制化服务 2. 采用营销组合降低成本
缺　点	对营销人员协同作战能力要求较高

B2B 工业企业销售部例会的 5 项常规内容

B2B 工业企业销售部例会沟通是管理销售团队的一项重要举措，是 B2B 工业企业销售部内部统一思想、明确方向、化解纷争、检讨工作得失、分享经验、正式授权和安排工作任务的主要方式。科学合理的部门例会制度可以成为部门增强凝聚力、提升战斗力的"发动机"。一般来讲，B2B 工业企业销售部例会主要有以下 5 项常规内容。

听取工作汇报和问题反馈

尽管 B2B 工业企业销售部的成员之间一般沟通都比较频繁，作为部门负责人掌握情况也会比较及时，但部门例会作为正式工作平台，还是很有必要召开的，应该让每个成员都有足够的时间做全面的工作汇报。一方面促使成员反思自己工作得失，并提出改进方法，另一方面让团队成员加强彼此之间对工作状况的了解，以统一认识，建立沟通基础。再者，部门负责人认真听取成员工作汇报和反馈上来的问题，也便于及时给予处理和指导，从而提高团队成员的工作积极性，增强团队凝聚力。

阶段工作成果检核和评价

即配合前一期工作例会所做的计划和安排，对成员的工作成果进行检核。如：有没有按期按量完成，有没有对整体进度造成影响，执行过程中出现什么变化，等等。要对每项工作安排做出审慎评价。完成或超额完成的都要给予鼓励甚至奖励；没有完成或打折扣的要帮助其分析原因，提出改进意见。

阶段工作总结和经验分享

善于总结经验并从中提炼方法和流程是 B2B 工业企业销售部得以迅速成长的重要通道。因此，要积极鼓励团队成员乐于和善于做工作总结和经验分享。部门负责人要善于"点石成金"——指导团队成员将其经验上升为工作流程，并通过表格和文件的形式将其标准化。这样，不仅能大幅提高部门工作效率，更能激发相关员工的工作热情。

培训和学习心得的总结与分享

将培训成果和学习心得交流纳入部门例会是 B2B 工业企业销售部的一大特色——一个富有创造力、充满战斗力的部门一定是一个学习型的团队。销售经理有责任引导和安排团队成员进行周期性（如产品技术和知识等）和有针对性（如顾问式销售七步法、新媒体营销技巧等）的培训，并对培

第十二章 组织线：销售经理职责与团队管控

训效果进行监督和考评。

下期工作计划和安排

对下期工作的计划和安排往往是B2B工业企业销售部例会的重头戏。它不仅确立了团队整体和成员个人下期的工作目标，也是工作检核的标准和依据。每一个PDCA[①]流程的完成都不仅仅是工作成果的增加，更是B2B工业企业销售团队成长的重要历程。

制定合理的部门例会制度，充分利用部门例会平台进行业务和学习沟通及交流是B2B工业企业销售团队处理问题、积累互信、分享成果、共同成长的重要途径。

B2B工业企业销售部例会三段式

B2B工业企业销售团队成员要想顺利达成销售业绩目标，把握节奏很重要，部门例会是重要的控制手段和方式。定期召开部门会议会使部门工作的节奏感加强、凝聚力增强、沟通更顺畅、感情更融洽、战斗力更强。

如何提高部门会议的质量和效率呢？

为了不让部门会议占用太多时间，又能充分沟通和达到会议的目的，采用如下三段式的部门会议组织方法，将事半功倍。

---

① PDCA即计划（plan）、实施（do）、检查（check）、处理（act）的首字母组合。每一项工作都需要经过这四个阶段。

明确主题

B2B 工业企业销售经理必须在开会前定好会议主题和组织方式：本次会议的主题是什么，采用哪种沟通方式，需要哪些人参加，选在什么时间和地点，等等。

最好在会议开始前的一段时间里先将会议主题通知相关人员，让其充分了解和做些准备。总之，良好的会议主题设定和策划组织是部门会议成功召开的基本保证。

确定议程

B2B 工业企业销售经理还应在会议前确定好会议的议程，以避免"跑题"，造成时间浪费，甚至"节外生枝"。一般组织者需要确定：（1）需要讨论哪些议题，如何安排次序；（2）要安排哪些事项，可能会有哪些障碍；（3）要重点抓住哪些"关键人"，如何及时引导讨论方向，控制议程节奏；等等。

会议"跑题"是非常容易出现的情况，策划和控制好会议议程是保证部门会议高效、高品质的"法宝"。

总结升华

会议总结是 B2B 工业企业销售部门会议的重头戏。一方面，要根据讨论情况，提炼出如下要点：（1）项目责任人、工作要点、完成时间等；（2）将讨论达成一致的成果做总结和确认。另一方面，需要安排人做好会议纪要。

第十二章　组织线：销售经理职责与团队管控

最后，"麻雀虽小，五脏俱全"——即使是团队成员较少的 B2B 工业企业销售部也需要鼓舞士气，做好"政治思想"工作，尤其是对销售部这种需要业绩和成就来鼓舞士气的部门，B2B 工业企业销售经理做好"政委"工作是保证部门工作长治久安的"秘诀"——部门会议进行时，尤其是在总结时，千万不要忘了肯定、鼓励和表扬，还要恰如其分地强调当前工作的重要意义、从宏观上展现美好蓝图，等等。

B2B 工业企业销售团队的绩效评价与激励

销售团队绩效评价是团队管控的重要工作。有人说：你想要什么就考核什么，你考核什么就得到什么。这句话用在 B2B 工业企业销售团队绩效评价上是恰如其分的。

B2B 工业企业销售团队绩效评价一般要把握如图 12-7 所示的 3 个原则：短期和长期结合、结果与过程结合、定量与定性结合。

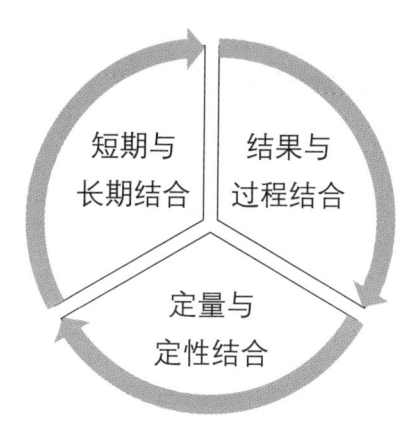

图 12-7　B2B 工业企业销售团队绩效评价三大原则

短期和长期结合

短期的销售绩效评价指标主要有销售额、销量、利润率、回款、销售费用等，长期的销售绩效评价指标主要有新客户开发、客户拜访量、客户满意度、销售报表等。

不同规模、性质、发展阶段的B2B工业企业对销售团队做绩效评价所选取的指标侧重点会有很大差别——例如：规模比较大的企业侧重长期指标，中小企业更侧重短期指标；刚开拓新市场时，对销售额增长比较看重，对回款可能要求低些，但成熟阶段就会设定比较高的回款指标了；等等。

结果与过程结合

B2B工业企业销售绩效评价的结果性指标主要是指销售额、销量、利润率、回款、销售费用等，过程性指标有销售活动、态度、知识、技巧等。如果只看短期，有时候对过程的评价经常让销售人员感到太过烦琐，觉得"还不如让我出去多跑几家客户呢"，但从长远来看，没有好的过程，就不会有好的结果。

B2B工业企业销售绩效评价内容与主要指标一般包括如表12-8所示的6类。

表12-8　B2B工业企业销售绩效评价内容与主要指标

销售绩效评价内容	主要指标
销售结果类	销售额、销量、新增客户数、流失客户数、同比/环比等
销售质量类	毛利率、客户复购率、新产品销售收入、客户采购占比等
销售过程类	每月出差天数、每天沟通新客户数、潜在客户每周拜访数等
销售费用类	差旅费、市场推广费用、办公费、招待费、广告费等
销售成长类	顾问式销售七步法执行、客户拜访计划、处理客户异议等

第十二章 组织线：销售经理职责与团队管控

续 表

销售绩效评价内容	主要指标
自我管理类	计划提交、时间管理、拜访报告、客户信息、竞品情报等
备　注	可根据B2B工业企业销售实际工作需要选取和增减

定量与定性结合

只采用定性的销售绩效评价指标，往往很难做到客观公正，也容易导致B2B工业企业销售经理和团队成员在进一步的沟通时产生分歧和矛盾，因此，应尽可能采用定量与定性相结合的方法来评价。不能完全量化的定性指标也尽可能细化成分值来评价。

表12-9和表12-10分别为B2B工业企业销售经理的绩效评价表示例。

表12-9　B2B工业企业销售经理绩效评价量表

被评价人			职位		部门		
权重/%	考评项目	内容描述	计划	实际	完成率	得分	数据来源
40	销售计划完成率	实际销售额/计划销售额	450万元	495万元	110%	44	财务部
20	回款率	实际回款/计划回款	421万元	400万元	95%	19	财务部
10	利润率	销售利润/销售额	20%	19%	95%	9.5	财务部
10	销售费用	销售费用/实收款	19%	21%	-10%	9	财务部
5	新产品拓展	实际新品销售额/计划额	80万元	75万元	94%	4.6	销售部
5	报告提交	周报、月报60份，有相应价值	60份有价值	60份有价值	100%	5	销售部
5	信息情报	客户档案、市场信息反馈、有相应价值	1000个有价值	950个有价值	95%	5	市场部销售部

续表

权重/%	考评项目	内容描述	计划	实际	完成率	得分	数据来源
	被评价人		职位		部门		
5	客户满意度	考核期内达4分以上	95%	95%	100%	5	市场部
	总分					101.1	
备注	各项得分=KPI指标×完成率。具体操作时,由B2B工业企业销售经理与团队成员沟通后填写期初计划,期末根据实际数据进行考评,考评得分出来后,销售经理和相关成员进行面谈沟通,持续优化改善。						

来源：陆和平.成为资深的销售经理.北京：企业管理出版社,2017.有改编。

表12-10　B2B工业销售经理绩效评价量表

类型	考评项目	内容描述	计划	实际	完成率	得分	数据来源
	被评价人		职位		部门		
定量指标	销售计划完成率	实际销售额/计划销售额					财务部
	回款率	实际回款/计划回款					财务部
	利润率	销售利润/销售额					财务部
	销售费用	销售费用/实收款					财务部
	新产品拓展	实际新品销售额/计划额					销售部 市场部
定性指标	团队建设	5分制					直属上级
	决策能力	5分制					直属上级
	人际沟通能力	5分制					直属上级
	商务谈判能力	5分制					直属上级
	总分						
备注	各项得分=KPI指标×完成率。具体操作时,由B2B工业企业老板与销售经理沟通后填写期初计划,期末根据实际数据进行考评,考评得分出来后,进行面谈沟通,持续优化改善。						

来源：陆和平.成为资深的销售经理.北京：企业管理出版社,2017.有改编。

第十二章　组织线：销售经理职责与团队管控

本章小结

B2B 工业企业销售经理从一位 top sales 成长为销售团队管理者的过程，伴随着他从只关注个人成功的"小我"，到带领团队取得成功的"大我"的转变。

本章从 B2B 工业企业销售经理的 5 项基本职责出发，探讨了如何能顺利实现从优秀销售个人到团队管理者的角色转变，以及最受欢迎的销售经理的八大特质。

在此基础上，本章探讨了 B2B 工业企业销售团队 4 种常见的组织模式，以及因外部经营环境变化、客户需求升级和内部效率提升，B2B 工业企业销售团队需要改变的内在逻辑，并总结了各种销售团队组织模式的适用场景和优缺点。

如何对 B2B 工业企业销售团队进行规范管理呢？对此，我们探讨了销售部例会的组织方法和技巧。

最后，本章着重探讨了 B2B 工业企业销售团队绩效评价与激励的方法和策略。

下一章，我们将一起来探讨 B2B 工业企业销售人员的成长与队伍建设。

第十三章
成长线：销售人员成长与队伍建设

"客户满意、员工幸福、伙伴共赢、社会和谐"是众多B2B工业企业经营者的共识，销售人员是企业和客户对接的"首席代表"，销售人员的成长跟不上企业不断发展的步伐，势必影响老客户关系的维护与升级、影响新市场的开拓与发展，继而影响到公司的未来发展。

B2B工业企业对销售人员进行正规系统化的培训，会有如下七大显著收益：（1）有效提高销售效率；（2）改善和升级客户关系；（3）改善内部沟通效率和氛围；（4）提升销售团队自我管理能力；（5）提高销售团队士气和战斗力；（6）降低销售团队离职率；（7）掌握新型营销工具，学会科学销售。如图13-1所示。

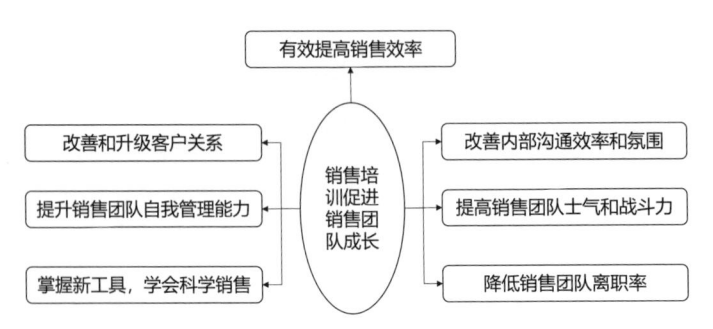

图13-1 销售培训给B2B工业企业带来七大显著收益

第十三章 成长线：销售人员成长与队伍建设

有人说：销售能力强的公司未必一定发展得好，但发展得好的公司销售能力往往都很强。

销售人员的成长和队伍建设既关系到 B2B 工业企业当期销售目标的达成，又是关乎企业长远发展的大事。

如何锻造一支"胸怀全局、勇往直前、能攻善守"的铁血军团呢？本章将从 B2B 工业企业销售工作十大瓶颈出发，与大家一起来探讨。

B2B 工业企业销售人员工作十大瓶颈

一旦公司业绩不好，B2B 工业企业内外就下意识地把矛头指向销售人员，说实话，完全让销售人员背这个"锅"还是有点冤枉的。且不说从 B2B 工业企业经营的角度来说，当下面临着不少的不利因素，单是企业内部，也有产品交期无法保证、新产品开发周期过长、停产限产风险等多种制约因素。

但无论如何，作为 B2B 工业企业业绩实现的排头兵，销售人员还是有必要认真自省，从自身工作出发，找到制约 B2B 工业企业销售业绩可持续增长的瓶颈，并采取措施降低其对销售工作的影响。

一般来讲，B2B 工业企业销售人员常见的工作瓶颈有如下 10 个。

认为自己是卖产品的

以铸造行业为例，或许是历史传承下来铸件"论斤"卖的交易方式给 B2B 工业企业销售人员造成的误解吧，为数众多的 B2B 工业企业销售人员根深蒂固地认为自己就是卖铸件的，怎么跟他说"从卖产品到提供解决方案"，他都转不过这个弯儿。

转不过弯儿的后果就是依然停留在"以产品为中心"的桎梏里，走不出"同质化竞争""价格战"的困局，把自己困在"客户要低价"和"公司出不起"的死胡同里怨天尤人。

拼蛮劲，不讲方法，不会利用公司资源

B2B 工业企业的销售人员大多是从生产和技术一线选拔出来的，有非常典型的"工程师"情结，遇事总爱自己钻研、死磕。事实上，做好销售工作除了要自己能够吃苦耐劳、百折不挠，还要善于整合内外部资源为自己所用。一定要明白：销售也是专业工作，也是技术活，不是能说会道就能做好的；充分利用好公司的资源和平台，才能最快捷地实现自身价值，获得良好业绩。

坐等客户上门，缺少主动性

在本轮转型升级以前，大多数 B2B 工业企业其实还是以生产为中心的，B2B 工业企业的销售人员大部分精力都用在内外部协调上，而不是新客户的开发，甚至老客户的维护升级上。这种思维的惯性力量导致销售人员常常坐等客户上门，缺少开发新客户及运营老客户的主动性。

在这种情况下，一些资深的销售人员心态会比较保守，整个团队也鲜有开疆拓土的激情，开发新客户的动力严重不足。

第十三章　成长线：销售人员成长与队伍建设

缺乏对客户行业情况的了解

尽管在比较规范的企业，客户市场调研是市场部的工作内容，但在目前的 B2B 工业企业，这部分工作还必须由销售人员来自行完成——大部分 B2B 工业企业正在进行由"以生产为中心"向"以市场为导向"的转型，但这并非一朝一夕之事。

例如，一家树脂砂铸铁件企业的销售人员为了更好地把握用户需求，能准确理解机床行业用户在铸铁零部件采购和加工过程中所存在的问题和难点，就有必要对机床行业进行调研，尽可能了解用户的加工要求和工艺特点。

谈不出与我方合作能给客户带来什么利益

经常有 B2B 工业企业的销售人员与客户一开始接触，就在强调"我们的价格比你们现在的供应商有优势——他们8元，我们7.8元"，殊不知，价格固然是客户采购关注的因素之一，但绝不是唯一因素，甚至也不是排在第一位的因素。

比较规范的客户方采购人员会认为：

排在第一位的是产品和服务品质。必须确保满足生产需求，不能掉链子；而且，供应商的业务团队如果能针对当下技术和加工难题，给出更优解决方案，并和技术研发部门与生产部门做好沟通，那将是他非常乐意看到的。

排在第二位的因素是付款方式，其必须能够满足公司的财务风控要求。

排在第三位的是价格。在满足前两个因素的前提下，如果价格有优势，或许能打动他，但他会非常谨慎，因为"一分钱一分货"，不能为占这点小便宜而造成供应链的不安全。

过度承诺，造成供应链团队无法配合

B2B 工业企业的销售人员经常向客户做出承诺，想以此尽快赢得客户的信任，拿到想要的订单。这种急切的心情，能够理解，但一定要把握好度。因为一旦过度承诺，造成生产交期无法满足客户要求，导致客户投诉，甚至给客户供应链安全造成重大损失，那就得不偿失了。

在实际操作中，B2B 工业企业的销售人员一定要勇于承担责任，尽可能准确地预测订单和做出合理的发货计划安排，帮助生产部门做好产能平衡工作，进行科学的排产，确保公司整体效益最优。

过度依赖技术支持，不懂产品和工艺知识

也有部分 B2B 工业企业的销售人员对公司产品和工艺技术比较陌生，必须依赖技术团队给予相应的支持。虽然这种"铁三角"模式的团队销售在重要客户的销售和服务过程中必不可少，但是销售人员必须注意：这种团队销售的模式并不意味着销售人员可以完全不懂技术——事实上，在 B2B 工业企业销售工作中，如果完全不懂产品和工艺技术，就意味着无法发掘用户需求和痛点，无法与客户相关部门保持顺畅沟通，也无法真正理解解决方案所能带给客户的价值，最终导致销售人员没有能力成为专家型销售，又回到了"王婆卖瓜，自卖自夸"的原始"卖产品"状态。

第十三章　成长线：销售人员成长与队伍建设

对客户需求把握不准，无法为客户提供有针对性的解决方案

B2B 工业企业销售人员对客户需求把握不准，可能有多种原因：或许是对客户所在行业的理解不够；或许是不了解客户铸件加工的工艺；或许是对客户的客户——终端用户的使用情况一无所知；当然，也有可能是因为销售人员是新手，还不太懂得 B2B 工业企业产品的销售是专家型销售，不是自顾自地夸自己的产品和公司有多优秀，而是要认真倾听客户的反馈和需求，凭借我们自己和团队的专业能力为客户提供有针对性的解决方案。这才是 B2B 工业企业销售的最优路径。

不愿意执行和填写公司流程和表单

许多 B2B 工业企业销售人员多年来都是依靠自身在一线市场中摸爬滚打积累的经验，才获得了今天的"江湖地位"。但一提到填写公司流程文件和表单并执行其中的要求，就满脸的不屑：一方面认为这些工作都是"虚的"，无端增加了自己的工作量，"有那功夫，还不如多打几个客户联系电话呢"；另一方面认为这些工作是公司对自己的"监控"，是要给自己头上套上"紧箍咒"，打心里就很不情愿。

还有一些销售人员怕各种流程文件和表单，只是因为"惰性"——已经习惯了自由散漫的工作方式。一会儿总结，一会儿计划，还得要做 PPT 和当众讲话，心里发怵。

不管出于哪种原因，随着 B2B 工业企业的战略转型，营销管理升级是大势所趋，B2B 工业企业的销售人员必须逐步适应规范化、标准化的营销管理体系。没有规矩，不成方圆，只有训练有素的营销队伍，才有可能帮助 B2B 工业企业完成管理升级，实现"以客户为中心，以市场为导向"的战略转型，并最终实现业绩可持续增长和基业长青。

不知如何维护和升级客户关系

将简单的购销买卖业务关系，升级到战略合作伙伴关系，是每一个 B2B 工业企业销售人员都梦寐以求的工作成果，那意味着可以"手中有粮，心中不慌"。确实，在很多 B2B 工业企业中，如果销售人员手上能维护好 2～3 个 A 级"好客户"，一年的业绩指标是可以轻松完成的，甚至还能随着客户新品订单的不断增多而收获很多意外惊喜。然而，如何实现客户关系的不断优化和升级，却是让很多 B2B 工业企业销售人员倍感困惑的工作难题。

以上就是 B2B 工业企业销售人员工作中常见的 10 个瓶颈。

发现问题，就等于解决了一半的问题。针对上述 10 个常见瓶颈，一方面，B2B 工业企业销售人员可以通过自我管理和学习成长来不断升级营销认知和提升自身技能；另一方面，B2B 工业企业可以从招聘环节开始把关，并在具体工作中做好管理和培育工作，帮助 B2B 工业企业销售人员快速成长为业务能手。

B2B 工业企业销售人员的 5 项自我管理

站在 B2B 工业企业经营与管理的角度，我们总会分析哪些人适合做销售，如何投入资源培养他们，以及研究如何用更科学合理的方法去激励他

第十三章 成长线：销售人员成长与队伍建设

们，帮助他们完成销售业绩目标和做出出色的成绩。

但观察诸多优秀的 B2B 工业企业销售人员后会发现，他们的出类拔萃，靠的往往不只是外界给予的刺激和激励，而是严格的自我管理，甚至是"自燃型"的自我激励——抵得住诱惑，耐得住寂寞，从一而终，乐在其中，一往而情深。

B2B 工业企业的销售人员可能会比 C 端快消品销售人员面临更多的人性挑战：对于 C 端快消品销售人员来说，一单不成可以赶紧促成下一单，但是 B2B 工业企业的销售人员需要与客户建立长期关系。在有限的机会面前，失败本身就意味着对你的不认可、不信任，甚至是对你这个人的否定和负面看法——如何在客户的异议、市场的重压、人生的逆境中不断激励自己，让自己接受一次又一次的挑战呢？如何让自己在年纪轻轻的时候就学会与自己和解呢？

杨绛先生曾说："每个人都会有一段异常艰难的时光，生活的窘迫，工作的失意，学业的压力，爱得惶惶不可终日。挺过来的，人生就会豁然开朗；挺不过来的，时间也会教会你怎么与它们握手言和，所以你都不必害怕。"

毫不夸张地说，B2B 工业企业的销售工作是一份特别能历练人，特别能成就人的工作，笔者这一生都感激曾经在一线做销售的那段日子，我不仅学会了市场开拓与运营——学会了如何与辖区内三教九流的人打交道，更是学会了如何在逆境中与自己相处，并不断做好自我管理，而这些能力，都是后来笑对人生的底气。

曾经有句话说："如果你爱一个人，就送他去纽约，因为那里是天堂；

如果你恨一个人，也送他去纽约，因为那里是地狱。"这句话同样适用于B2B工业企业的销售工作，你可以说："如果你爱一个人，想成就他，就送他去做B2B工业企业销售工作，因为那里是天堂；如果你恨一个人，想毁灭他，也送他去做B2B工业企业销售工作，因为那里是地狱。"

B2B工业企业销售人员的自我管理可以分如下5个方面。

目标管理

目标管理是B2B工业企业销售人员非常重要的一项能力，不仅能帮我们指明工作方向，还能时时刻刻激励我们。

对于一艘没有方向的船，任何方向的风都逆风。相反，如果我们有明确的目标和方向，就能团结一切可以团结的力量，让一切资源为我所用。即便是逆风，我们也能因势利导，创造条件前往既定的方向。

设定目标的能力本身也是B2B工业企业销售人员认知、视野、格局的体现。我们对自己未来的想象，都会体现在目标设定上。

在B2B工业企业销售工作中，可以参照表13-1的示例来为自己设定目标，并坚决执行。这样在目标的牵引下不断推进，可实现销售业绩的可持续增长，实现个人成长和发展目标。

表13-1 B2B工业企业销售人员工作目标管理示例

管理维度	示 例
市场维度	市场份额、客户数量、新增客户数
业务维度	销售额、销量、拜访次数、沟通次数、成交率、复购率、新产品销售收入、新客户销售收入、销售回款率
备注：上述示例仅供参考，在实际工作中，可以用定量和定性结合的方法来设置目标		

第十三章　成长线：销售人员成长与队伍建设

在做好工作的同时，B2B工业企业销售人员还要注意各方面均衡发展，为幸福人生设定目标，并努力实现。表13-2为大家总结了"幸福人生九宫格"模型，供B2B工业企业销售人员参考借鉴。

表13-2　幸福人生九宫格模型

体验突破	休闲娱乐	人际社群
工作事业	"我"的目标	家庭生活
学习成长	身体健康	财务理财

哈佛大学利用25年跟踪研究了一群人，最终得到一个非常重要的结论：27%的人没有目标；60%的人目标模糊，也就是用大脑来管理自己的目标；10%的人有清晰但较短的目标；3%的人有清晰长远的目标。经过25年的岁月变迁：那些曾经没有目标的人在抱怨社会，抱怨自己的出身不好；目标模糊的人生活在社会的中下层，是一般的企业员工，或者已经失业；有清晰但较短目标的人生活在社会的中上层；有清晰的长远目标的人成了社会精英。

这个研究的结论告诉我们：学会设定目标，做好目标管理，对人的一生来说，都是非常重要的事情。

心理学家曾经做过这样一个实验：组织3组人，让他们分别向着10公里以外的3个村子进发。

第一组的人既不知道村庄的名字，又不知道路程有多远，只告诉他们跟着向导走就行了。刚走出两三公里，就开始有人叫苦；走到一半的时候，有人几乎愤怒了，他们抱怨为什么要走这么远，何时才能到达目的地，有人甚至坐在路边不愿走了；越往后走，他们的情绪也就越低落，最后，只有一两个人走到了终点。

第二组的人知道村庄的名字和路程有多远，但路边没有里程碑，只能凭经验来估计行程的时间和距离。走到一半的时候，大多数人想知道已经走了多远，有人说："大概走了一半的路程。"于是，大家又簇拥着继续向前走。当走到全程的四分之三的时候，大家的情绪开始低落，觉得疲惫不堪，而路程似乎还有很长。这时有人说："快到了，快到了。"大家就又振作起来，加快了行进的步伐，最终，多数人都走到了终点，但花费了很长的时间。

第三组的人不仅知道村子的名字、路程，而且公路旁每一公里就有一块里程碑。人们边走边看里程碑，每缩短一公里大家便有一小阵的快乐。很快，他们就到达了目的地。

心理学家得出了这样的结论：当人们的行动有了明确目标，并能把自己的行动与目标不断地加以对照，进而清楚地知道自己的行进速度和与目标之间的距离时，人们的行动动机就会得到强化，就会自觉地克服一切困难，努力达到目标。

时间管理

时间管理是指通过事先规划和运用一定的技巧、方法与工具实现对时间的灵活以及有效运用，从而实现个人或组织的既定目标的过程。

笔者经常在 B2B 工业企业销售的培训课堂上问大家一个问题："对 B2B 工业企业销售人员来说，最大的销售产能瓶颈是什么？"

大多数时候，B2B 工业销售人员都会意识到：是时间。

是的，时间管理对 B2B 工业企业销售人员的业绩实现和个人成长都至

第十三章 成长线：销售人员成长与队伍建设

关重要：对时间的短期把控能力影响其销售业绩目标达成，而对时间的长期把控能力决定其职业生涯发展和人生高度。

下面，笔者为 B2B 工业企业销售人员总结了几个时间管理的方法和工具。

高效时间管理的四象限图

高效时间管理的四象限法是著名管理学家科维提出的时间管理理论，从紧急性和重要性两个维度将要处理的事情划分成四大类：

（1）紧急且重要，如客户投诉、即将到期限的任务等；

（2）重要但不紧急，如公司年度规划、建立人际关系、员工培训等；

（3）紧急但不重要，如接听电话、接待不速之客来访、主管部门会议等；

（4）既不紧急也不重要，如刷抖音、闲谈、游戏娱乐等。

具体如图 13-2 所示。

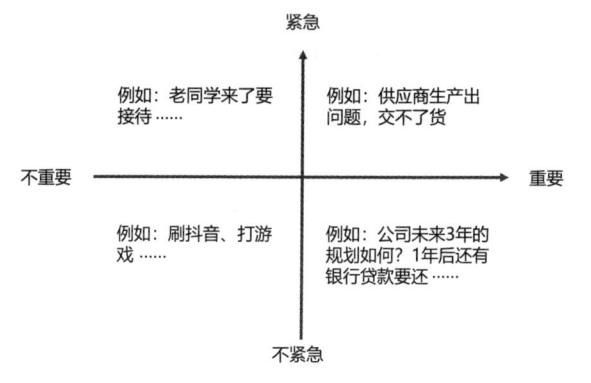

图 13-2 高效时间管理的四象限图

在 B2B 工业企业销售工作中我们发现：有些人看上去很忙，总是在四处救火，可销售业绩一般，客户关系也一般；但也有些销售人员什么时候看上去都气定神闲，销售业绩很亮眼，与客户的沟通也很顺畅，这是为什么呢？后者往往是基于"建立、维护和升级客户关系"，把大部分时间用在重要而不紧急的事情上，而前者往往是基于"推销产品"，把更多的时间都花在解决交易问题上，忙忙碌碌，只顾低头拉车，忙到抬不起头来看看路。

如果不注重时间管理，把太多的时间耗费在紧急不重要，甚至不紧急又不重要的事情上，那注定是做不好 B2B 工业企业销售工作的。

高效时间管理的 3 个技巧

（1）每天：3 只青蛙理论——不要贪多，晚上睡觉前设定第二天最重要的 3 件事，起床后就可以开始着手做这 3 件事了。

（2）每周：21 天效应——学会坚持。行为心理学研究发现，一件事只要坚持 21 天就能形成习惯，养成一个好习惯后可以给自己一个奖励。

（3）每年：愿望清单——有明确的目标牵引，会大幅提高效率，让时间管理更加有成效。

时间管理归根结底是对要达成目标的待办事项的管理，在有限时间条件下，决定哪些事情该做，哪些事情不该做，从而让单位时间的收益最大化。B2B 工业企业销售人员要想取得出色的销售业绩，就要学会把时间看成自己最宝贵的资产投入，使其产出最大化。

B2B 工业企业销售人员如何摆脱没有收益的"瞎忙、穷忙"状态呢？

第十三章 成长线：销售人员成长与队伍建设

下面的小故事或许能给我们启发：

课上，教授在桌子上放了一个玻璃罐子，然后从桌子下面拿出一些正好可以从罐口放进罐子里的鹅卵石。教授把石块放完后问他的学生："你们说这个罐子是不是满的？""是。"所有学生异口同声地回答。教授笑着从桌底下拿出一袋碎石子，把它们从罐口倒下去，摇一摇，问："现在罐子是不是满了？"大家都有些不敢回答，一位学生怯生生地细声回答："也许没满。"教授不语，又从桌下拿出一袋沙子，慢慢倒进罐子里，然后又问学生："现在呢？""没有满！"全班学生很有信心地回答说。是的，教授又从桌子底下拿出一大瓶水，缓缓倒进看起来已经被鹅卵石、小碎石、沙子填满的玻璃罐。

正如鲁迅先生所说："时间就像海绵里的水，只要愿意挤，总还是有的。"

B2B 工业企业销售人员时间管理工具，具体如表 13-3、表 13-4、表 13-5 所示。

表 13-3 项目进度表

2022 年度某公司立项与工作进度							
序号	立项名称	负责人	量化成果	完成时限	需要支持	任务类型	备注
1		A					
2		^					
3							
4							
5		B					
6							
7							
8	……	……	……	……	……	……	……

表 13-4 要事日程表

周一	周二	周三	周四	周五	周六	周日	备注
1	2	3	4	5	6	7	
8	9	10	11	12	13	14	
15	16	17	18	19	20	21	
22	23	24	25	26	27	28	
29	30						

表 13-5 日清工作表

部门			姓名			
工作内容	日常工作	任务立项	是否完成（√）	工作用时	下步设想	积分值
	今日工作总结				今日获得积分总额	
	进步之处					
	不足之处					
工作内容	明日工作安排				明日计划获得积分	
	对公司建议和改进期望				累计积分	
					本月进度	

在方方面面都"内卷"的当下，做好时间管理殊为不易，很多人的真实情况是"道理我都懂，但还是过不好这一生"，甚至陷入了时间管理的"恶

> 第十三章 成长线：销售人员成长与队伍建设

性循环圈"，如图 13-3 所示。

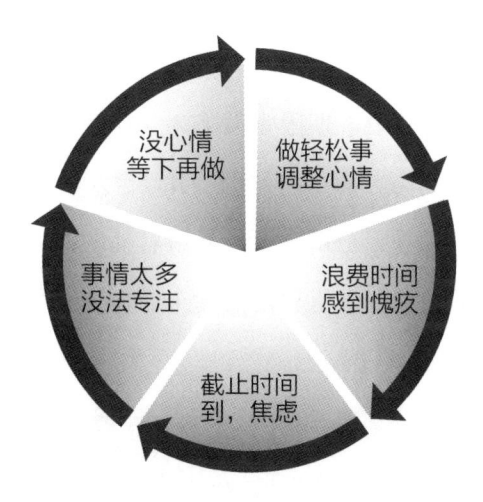

图 13-3 拖延时情绪的转变

拖延的本质是带有厌恶情绪的自我欺骗。针对这种情况，笔者特别帮 B2B 工业企业销售人员总结了克服拖延症的 6 种实用技巧。

（1）列出事项清单，从最简单的做起

如果想起一件事情就干一件事情，看见哪件事情就干哪件事情，很容易就让自己陷入"忙、盲、茫"的状态。列出明确的事项清单，就能让自己的思路立刻变得清晰，甚至一些平时"畏之如虎"总也动不起来的事情，没准一开心就干了呢。列完事项清单后，你可以从最简单的做起，这样就能让自己的心情立刻好起来。

（2）在适合的场景下工作

有人说：人是环境的动物。这句话有一定的道理。疫情反复之下，很多人被迫在家办公，效率明显没有在办公室高。如果自己抗干扰能力弱，就尽量把自己安排到安静、少打扰的空间，把手机关掉或调成静音模式，尽一切可能提高工作效率。

（3）分解项目，从最容易的做起

你有没有因为项目重要、期限紧而陷入"死会儿"状态的时候？压力有时候带来的并不是动力，而是"死机"和"蓝屏"，这时候，我们干着急没用，反倒是可以把项目分解一下，从最容易的开始做起，做着做着也许就来了感觉，然后一鼓作气，就能把原来看似"不可能完成的任务"给搞定了呢？

（4）给自己一点小奖励

每个人心里都住着一个"小宝宝"，有时候，还是要学会哄哄"他/她"的。比方说，和自己约好，在完成一个小任务后就给自己一点小奖励。可以是楼下巴黎贝甜的一份小甜品，也可以是和好友一起去约个小龙虾……总之，开心就好。

（5）不要太苛求完美，动起来最重要

太过追求完美，到最后往往就成了迟迟不行动的借口。别管三七二十一，先干起来再说，对自己要求低一些，动起来最重要。

（6）与自己和解——理解拖延源于情绪

就像图13-3所示的拖延时情绪的转变一样，很多人总是苛求自己立刻取得巨大进步，导致一边给放纵自己找借口，一边又自责焦虑很愧疚，让自己陷入很糟糕的情绪中。殊不知，坏情绪恰恰是拖延的根源，因此，学会与自己和解，善加调剂，我们就能恢复正向循环啦。

学会接纳自己、和自己和解、做自己的好朋友，确实是帮我们克服拖

第十三章 成长线：销售人员成长与队伍建设

延症很好的切入口，B2B 工业企业销售人员要想做好时间管理，不仅在战略上要学会借助前述高效时间管理的四象限图、三大技巧、3 张工具表来实现，也要在战术上学会善待自己，偶尔"哄"自己开心——昂扬的情绪也能帮我们提高时间管理效能。

情绪管理

心理学上著名的"踢猫效应"，描绘的是一种典型的坏情绪传染所导致的恶性循环。

原版故事是这样描述的：一父亲在公司受到了老板的批评，回到家就把沙发上跳来跳去的孩子臭骂了一顿。孩子心里窝火，狠狠去踹身边打滚的猫。猫逃到街上，正好一辆卡车开过来，司机赶紧避让，却把路边的孩子撞伤了。

B2B 工业企业销售人员最应该避免的就是这种无谓的"情绪损耗"。作为公司最重要的品牌接触点，时刻保持积极向上的状态很必要，因为没有人愿意和情绪不稳定，甚至总有负面情绪的"垃圾人"打交道。

学习管理

以往人们对销售人员的理解是：能说会道、会忽悠、卖东西的人，但 B2B 工业企业销售人员与人们的这种理解有非常大的偏差——顾问式销售必须学会深刻洞察基于目标客户"问题"的痛点和需求，并结合自己专业能力，整合公司内外部资源帮客户解决问题。在实际工作中，靠的不是"嘴巧"，而是更多地依赖专业性，因此，可以认为是"学习型"销售。

一个优秀的B2B工业企业销售人员必须熟练掌握如表13-6所示的五方面基础知识,并在此基础上不断拓展和迭代更新。

表13-6　B2B工业企业销售人员必备五项基础知识

各项知识	概　　述
企业背景知识	包括企业文化、组织架构、基本规章制度和业务流程等
产品与技术知识	包括主要产品性能特点、主要优点、客户买点、与竞品对比优劣势、当前销售情况、客户使用状况、客户反馈等
营销等技能知识	包括销售技能、营销方法、客户关系管理、市场推广方法、公关活动等
客户相关知识	包括客户基本信息、客户主要负责人的基本资料和兴趣爱好、客户的经营情况、主要竞争对手、在行业内的地位和发展趋势等
行业相关知识	包括公司所在行业及主要客户所在行业的基本情况

B2B工业企业销售人员要努力从传统的"经验型"销售,转向"学习型"销售,以应对快速变化的企业内外部经营环境。

健康管理

B2B工业企业销售人员经常需要出差拜访客户,工作压力大,作息时间不规律,做好健康管理非常重要。

养成良好的生活习惯、保持健康的生活方式是B2B工业企业销售人员健康管理的第一步。生活方式包括饮食结构、工作、睡眠、运动、文化娱乐、社会交往等诸多方面。过重的压力会造成精神紧张,而不良的生活习惯,如过多的应酬、吸烟、过量饮酒、缺乏运动、过度劳累等,也是危害人体健康的因素。对B2B工业企业销售人员来讲,生活不规律、运动不足、长期使用电脑,饮过量咖啡、浓茶,喝酒、吸烟,工作紧张、压力大,睡眠不足、睡眠质量差等,也都会不同程度地导致健康受损。长此以往,可能会出现各种各样的病症。

第十三章　成长线：销售人员成长与队伍建设

常言道：身体是革命的本钱。B2B工业企业销售人员做好健康管理至关重要。

B2B工业企业销售人员的招聘与选拔

做好B2B工业企业销售人员的招聘与选拔工作非常重要，不仅要关注销售人员的能力与素质，B2B工业企业内部还要有规范的招聘与选拔流程，确保B2B工业企业能够获得和培养出优秀的销售人员。

B2B工业企业销售人员的能力和素质要求

尽管B2B工业企业对销售工作的重视由来已久，随着市场竞争的加剧，当下更是将销售部的龙头作用提到了新的高度，但在实际营销工作中却长期存在一个众所周知的"秘密"——几乎所有的销售人员都不是科班出身，"半路出家"的占绝大多数，这是为什么呢？

其实很简单：B2B工业企业销售工作做得出色，靠的不只是销售技能，更倚重的其实是对客户需求的洞察能力和解决方案的构建能力，这些能力是基于对产品、技术，以及客户应用场景的深刻理解。没有一定的技术背景，理解起来实在是不太容易，因此，B2B工业企业销售人员大多是工科生，技术支持和研发出身的较多。

优秀的B2B工业企业销售人员往往需要具备良好的心理素质、敏锐的洞察力、值得信赖的外在形象、高成就欲望、良好的沟通能力、扎实的营销技能和过硬的产品技术知识等。B2B工业企业需要根据自身的业务特性来选聘人才，比方说："大客户型"业务就对客户经理的客户服务能力、人际沟通能力等要求高一些；"项目型"业务就对销售人员的高成就欲望、公关能力要求高一些；"小客户型"和"渠道商型"业务就对销售人员的勤勉程度、沟通能力、销售技能要求高一些；等等。

在表13-7中，我们根据顾问式销售七步法来对B2B工业企业销售人员的基本素质和技能要求做了归纳和提炼。

表13-7　B2B工业企业销售人员的基本素质和技能要求

顾问式销售七步法	对B2B工业企业销售人员基本素质和技能要求
第一步 精准识别、锁定客户	分析能力、学习能力、市场信息分析能力、市场判断能力、市场拓展能力、渠道规划和建设能力
第二步 大巧若拙、建立信任	诚实可信、博闻强识、人际沟通能力、建立信任的能力、自控能力、影响力、亲和力
第三步 深度沟通、洞察需求	有同理心，具备分析能力、预期应变能力、问题解决能力
第四步 对症下药、塑造价值	有同理心，具备表达能力、创新能力、专业学习能力
第五步 处理异议、促进成交	机智、有条理、有同理心，具备问题解决能力、资源协调能力
第六步 商务洽谈、签订合同	机智、坚定，具备商务谈判能力、决策能力
第七步 系统服务、升级关系	对人友善、态度良好、乐于助人、彬彬有礼，具备客户关系维护能力、营销策划和执行能力

在B2B工业企业销售人员的招聘和选拔过程中，职业背景是非常重要的考察关注点，不同职业背景的候选人各有优缺点，以表13-8做举例说明。

表13-8　不同职业背景的B2B工业企业销售候选人的从业风格及特点

B2B工业企业销售候选人职业背景	从业风格和特点
欧美外企出身的人	基础素质好，执行力很强，但全局眼光欠缺，吃苦精神不够
其他外资企业出身的人	执行力很强、工作态度比较积极，但做事循规蹈矩、条条框框多，思路不够灵活
民企出身的人	有较强的实战技巧，工作态度积极，但执行力弱，有时候会有自己的"小算盘"。

第十三章 成长线：销售人员成长与队伍建设

此外，教育背景也是 B2B 工业企业销售人员招聘和选拔过程中，一个非常重要的考察点。实践证明：教育程度和 B2B 工业企业销售工作成果的取得是有相关性的——本专科毕业最优，中学肄业及以下最差，如表 13-9 所示。

表 13-9 销售人员教育背景与工作成果之间的关系

教育背景	成果优良人数/人	成果恶劣人数/人	销售总人数/人	成果优良人数占比
中学肄业及以下	5	20	25	20%
中学毕业	30	50	80	38%
大专毕业	45	15	60	75%
本科毕业	85	15	100	85%
研究生毕业	15	20	35	43%

来源：李爱因. 销售经理实战宝典. 哈尔滨：哈尔滨出版社，2005.

B2B 工业企业销售人员的招聘与选拔流程

B2B 工业企业销售人员招聘可以采用如下 6 步流程：拟定招聘文件；选择招聘渠道发布信息；评估简历，电话面试和初步筛选；正式面试；背景调查；最后决定和办理入职手续。具体流程如图 13-4 所示。

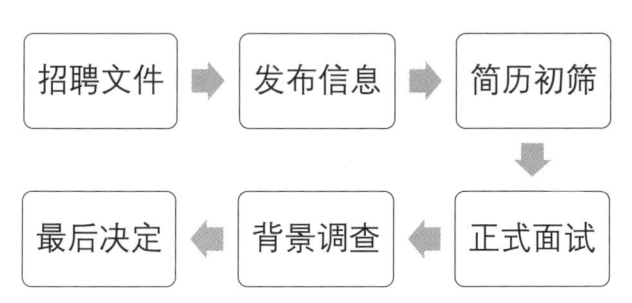

图 13-4 B2B 工业企业销售人员招聘六步法

B2B 工业企业销售经理的招聘文件参考模板，如表 13-10 所示。

表 13-10　销售经理的岗位职责与任职要求（参考模板）

汇报对象	总经理
直接下属	销售工程师、销售内勤
总体工作目标	完成公司年度销售目标
岗位职责	1.根据公司销售及市场策略，制定年度销售及市场策略，并制订相应的执行计划。负责完成公司销售任务和经营目标。 2.根据公司年度销售目标，合理分解并制订计划，督导完成年度、季度、月度销售计划和回款计划。 3.负责公司各区域销售工作管理，根据公司发展计划及市场发展情况，制订相应的销售计划和销售政策，审核年度销售合同，对销售费用进行分配，并控制销售费用的使用。 4.负责开发开拓新市场、开发新客户，以确保公司具有稳定持续的市场竞争能力，把握销售机会，完成销售指标。 5.有效利用公司内销售部及市场部资源，包括人员、资产、市场费用、折扣、应收账款，对销售部整体预算负责。 6.负责公司客户资源的管理工作，如重点客户的维护和升级，定期拜访各辖区重点客户，确定各辖区市场的业务开展策略。 7.负责完成公司客户售后服务和管理工作，解决和处理市场、产品、投诉等问题并及时汇报和沟通协调。 8.负责定期考核销售工程师的绩效管理工作，检验销售部岗位的关键表现指标，以确保优秀的表现并提出适当的修正建议。 9.负责对销售工程师进行培训指导、考核提升和日常管理，培养和储备销售管理干部，负责组织销售工程师集中学习培训，提高专业技能。 10.负责销售团队建设，让团队业务能力不断提高，保持团队士气旺盛，保障团队能顺利达成业务目标。
任职要求	语言要求：普通话，口齿清晰，思维敏捷； 专业要求：电力、自动化类相关专业，专科以上学历； 身体素质：28～39岁之间，身体健康，拥有良好的职业精神； 培训经历：参加过B2B工业企业大客户营销、项目管理、团队管理等培训； 工作经验：3～5年销售经验，2年以上同等岗位工作经验； 管理意识：具有较强的责任心、较强的目标意识和经营意识； 计划组织：具有较强的计划、组织、协调和实施能力； 职业素养：具有较强的业务处理和外联能力、较强的客户关系管理和资源整合能力，较强的沟通能力和适应性，秉公办事，不谋私利。

第十三章 成长线：销售人员成长与队伍建设

B2B工业企业销售人员招聘九大渠道

合适的B2B工业企业销售人员从哪里招募呢？一般来讲，有如下9种常见渠道：内部选拔、员工推荐、客户/供应商、竞争对手、媒体招聘、校园招聘、猎头推荐、社会招聘会、自媒体信息发布。要点概述如表13-11所示。

表13-11 B2B工业企业销售人员常见九大招募渠道

招募渠道	要点概述	备注
内部选拔	从技术支持、售后服务及其他岗位选拔是B2B工业企业销售人员的常见来源。优点是费用低，能提升员工士气，更快适应公司的文化和管理，快速进入工作状态，适合培养复合型人才；缺点是人选有限，易"近亲繁殖"，不利于管理创新和变革。	
员工推荐	内部员工对B2B工业企业情况比较了解，他们的推荐一方面能让推荐人对公司有认同感，另一方面也会让新人更快融入公司和团队；缺点是选择面较窄，往往也难以招到能力特别出众的人才。	
客户/供应商接触	B2B工业企业的客户、供应商及产业链上相关的合作伙伴也是优秀销售候选人的重要来源。这些候选人对市场比较熟悉，对产品、客户比较了解，在合作和接触过程中建立了一定的信任，工作上手会比较快；缺点是要处理好与合作伙伴的关系，不要造成误会。	
竞争对手挖掘	来自竞争对手的销售候选人，其优点是对目标客户和目标市场比较熟悉、业务流程熟练，比较容易上手，甚至在某些特别项目上能起到"奇兵"之效；缺点是忠诚度、可信度存疑，可能会不太适应公司的文化和制度。	
新媒体招聘	B2B工业企业当前常用的新媒体招聘渠道有：BOSS直聘、智联招聘、前程无忧、猎聘网、58同城、区域性招聘网站、行业人才招聘网站等。优点是成本低，覆盖面广、简历获取量大；但精准度差，要做大量筛选工作。	
校园招聘	校园招聘的优点是能批量为公司储备销售人才，成本相对低，还能提高公司在高校圈的知名度；缺点是大学生职业化水平低，需要磨合的时间长，且流失率比较高。	
猎头推荐	对于相对高端和需要资深人才才能胜任的B2B工业企业销售岗位，通过猎头推荐是比较高效的途径。猎头公司能帮我们在短期内、定向找到企业所需的人才，缺点是费用较高。	

续表

招募渠道	要点概述	备注
现场招聘会	一些产品相对标准化，初级的B2B工业企业销售人员也可以考虑通过现场招聘会招募。优点是能与应聘者直接面对面交流，效率高，沟通深入；缺点是时间成本高，局限性大。	
自媒体发布信息	B2B工业企业可通过公司官网、微信公众号、朋友圈等自媒体渠道发布销售人才招聘信息。优点是能让关注公司、对公司有一定了解和信任的人迅速获取信息，招聘到的人员和公司比较匹配；缺点是影响面不够广，获取有效信息不足。	

B2B工业企业销售人员面试问题示例

面试是选拔优秀的B2B工业企业销售人员的关键环节，一般从表13-12的9个方面来考察。

表13-12 B2B工业企业销售人员面试问题示例

考察内容	面试试题
销售能力	自我介绍； 对自己最为熟悉的产品做个介绍； 考察周围的任意一件物品，做即兴推销。
商务谈判沟通能力	请举一个能够说明你成功地说服别人按照你的想法去做事的实际事例； 请讲述你曾经遇到的最困难的一次销售经历，其间，你是如何与客户沟通的； 现场模拟：与某公司的采购经理进行业务谈判。
工作经验	描述某一具体业务的销售流程； 如果让你对新员工进行销售培训，你会如何安排主要内容； 在工作过程中，你是如何开发新客户和维持与老客户的关系的？
求职动机	你为什么来应聘这个职位？
道德品质	如果你的一位客户无意中落下了一个文件夹，其中有很多对你来说是很重要的商业信息，你打算怎么做？
团队合作	你的一位同事工作能力和业绩都不如你，可最近得到了提升，你将如何对待此事？
工作主动性	请列举一个本属于你的上级领导分内的工作而他却没有做，你主动完成的事例。
情绪控制能力	当你对客户进行推销时，遭到多次拒绝，你将如何调整自己的心态？
应变能力	你做了一个较大的决定，而事情的发展却事与愿违，你将如何处理？

第十三章 成长线：销售人员成长与队伍建设

B2B工业企业销售人员面试量化评分表

为了让B2B工业企业销售人员的面试过程更加科学合理，让评价结果更加精准有效，可参照表13-13进行。

表13-13 B2B工业企业销售人员面试量化评分表

姓名		应聘岗位				
性别		年龄		专业/学历		
面试成员		面试时间		综合得分		
评价方向	评价要素	评价等级				
		1（差）	2（较差）	3（一般）	4（较好）	5（好）
个人基本素质评价	1.仪容					
	2.语言表达能力					
	3.亲和力和感染力					
	4.沟通能力					
	5.时间/纪律观念					
	6.人格成熟度					
	7.思维逻辑/条理					
	8.主动性					
	9.分析判断能力					
	10.自我认知度					
职位相关素质评价	11.抗压能力					
	12.应变能力					
	13.谈判能力					
	14.服务意识					
	15.销售能力经历					
	16.自信心					
	17.维护客户关系					
录用适合性评价	18.与企业文化相融					
	19.以往工作稳定性					
	20.胜任力与潜力					
用人部门审核意见						

续表

面试意见	综合评价及录用建议				
	入职日期				
	薪资	试用期：	转正后：	补贴及福利：	
人事行政部门审核意见					
总经理审核意见					
备 注	在相应分数项内打钩即可； 建议 70 分以上者进入下轮面试或直接录用； 建议淘汰第一轮面试在 50 分以下者。				

B2B 工业企业销售人员培训七大模块

B2B 工业企业要想锻造一支能够担当引领企业迈向新境界的 B2B 工业企业销售团队，必须从招聘开始就精准定位、严格把关，对新进成员的系统培训打好基础。一般来讲，B2B 工业企业销售部新进成员的培训可以通过如图 13-5 所示的两个阶段七大模块来进行。

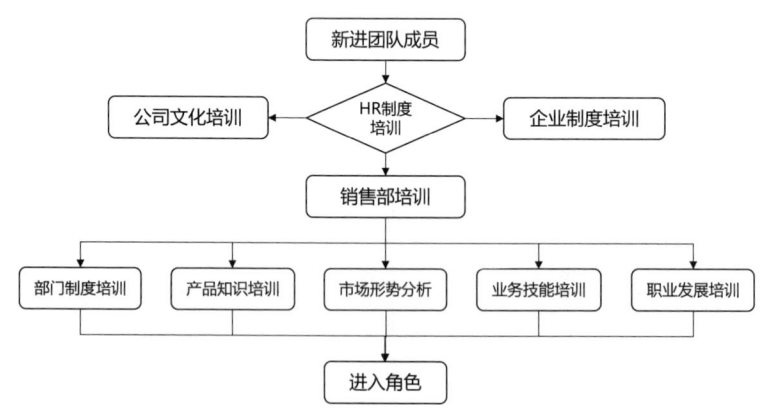

图 13-5　B2B 工业企业销售人员培训七大模块

第十三章 成长线：销售人员成长与队伍建设

第一阶段培训

第一阶段的培训由公司 HR 部门来承担，主要有公司文化培训和企业制度培训两个模块。

第一，公司文化培训。

通常，B2B 工业企业公司文化培训包括：（1）企业简介，包括企业的发展历史、经营现状、机构设置、服务网络、主要客户等等；（2）企业文化和理念，包括企业的品牌定位、使命和愿景、企业核心价值、经营理念及企业的精神和象征等等；（3）企业 VI 系统的使用方法和导入等。

第二，企业制度培训。

企业制度培训是每个 B2B 工业企业最常规的培训内容，常常在员工手册中有详细解释和说明，一般都由这样几部分构成：员工守则、财务管理制度、人事管理制度、行政管理制度、合同管理制度等等，具体培训可根据 B2B 工业企业实际情况酌情增减。

第二阶段培训

第二阶段培训由 B2B 工业企业市场部或销售部来组织和协调，主要有如下 5 个模块。

第一，部门制度培训。

B2B 工业企业销售部的部门制度培训主要围绕企业内部的"B2B 工业企业销售部工作手册"展开，分别从部门职能、工作目标、岗位职责、工作流程，以及部门行政管理制度（日常工作管理制度和人事管理制度）等几方面进行培训。

第二，产品知识培训。

作为 B2B 工业企业销售部的成员，无论是从事哪一个特定职位，都必须对产品有深入的认识和把握。如果说目标市场是 B2B 工业企业销售人员耕耘的土壤，那么产品就是宝贵的种子。只有对公司产品线设置思路清晰，对产品整体真正理解，才有可能结合目标受众对产品差异化优势做出恰如其分的诠释和表述，才有可能对公司品牌的定位有深刻理解。

第三，市场形势分析。

如果把产品比作 B2B 工业企业销售人员的左手的话，行业市场就是右手。一个不懂行业市场的 B2B 工业企业销售人员注定只是个"体力劳动者"——无论你有多勤快，也只能在低层次低水平重复。唯有拥有"市场意识"、有行业高度，能深刻理解受众需求和信息接收特点、精确把握产品卖点的人，才有机会成为一名优秀的 B2B 工业企业销售人员。

第四，业务技能培训。

B2B 工业企业销售工程师的业务技能培训可以由销售经理亲自来做，也可以由公司外聘专家来辅导。由销售经理亲自来做业务技能培训的好处有两个方面：第一，可以将业务技能培训根据实际工作需要来展开，使得新人容易上手；第二，比较容易让新人从一开始就有机会接触和体会公司营销理念和市场运营思路。由第三方专家来培训和辅导的好处是培训内容比较系统，且专家的辅导经验丰富，让 B2B 工业企业销售新人能对销售工作理解得更深刻。

第五，职业发展培训。

B2B 工业企业销售部是靠销售业绩和工作成就感来驱动的部门，因此，

第十三章　成长线：销售人员成长与队伍建设

作为 B2B 工业企业销售经理，随时关注手下销售工程师工作和生活状态，积极探讨和推动团队成员的个人职业规划和发展显得尤为重要。从新成员一开始进入团队就要有意识地将其纳入系统，征询其个人发展意向和目标，积极创造条件，帮助其实现个人职业理想，促成成员与团队共成长的双赢局面。

"千里之行，始于足下。"B2B 工业企业销售团队的打造，从新成员入职培训开始就非常重要，这一点，要引起 B2B 工业企业足够的重视。

销售人员培训的"六脉神剑"

对销售人员进行技能培训是增强 B2B 工业企业销售力量的重要途径。主要有如下 6 种常规培训方式。

导师讲授法

面授是目前最常见的培训方法。对 B2B 工业企业销售团队来讲，入职培训、产品知识培训及基本销售技能培训等往往通过这种方式来迅速完成。导师常常由人事部门、部门经理、业务高手等来担任，如果涉及公司内部人员不能胜任的专业技术知识或者特定模块的销售、管理内容培训，也会请外部专家来讲授。

另外，外派学习是 B2B 工业企业常见的员工培训方法之一，但就销售团队来讲，常被用于销售团队管理层工作技能的提升，鲜见于对普通销售工程师的培训。究其原因，一方面是企业资源所限，更重要的是外部培训往往更注重系统性、方法性和普遍性，普通销售工程师如果没有能力将具体行业，甚至具体产品的销售经验提炼为具有通用性的销售方法，难免会反过来不认可培训内容。

优点：系统性好，可按照总体规划层层推进，能迅速统一认识。

缺点：不够深入，偏理论化，销售人员往往有一定成见。

业务会议法

业务会议法往往针对性较强，若组织得力，不仅能解决 B2B 工业企业销售工作中的问题，而且能加强销售团队内部沟通与协调，有效促进销售工作顺利开展。目前常见的业务会议法有座谈会、总结会、培训会、野外拓展、团队年会、聚餐等形式。

优点：针对性强，销售人员参与积极性高。

缺点：主题定位必须较精确，培训内容有时候多而杂乱，不够系统。

案例研究法

案例研究法是比较适合 B2B 工业企业销售业务团队内部学习提升的好方法。一般来讲，B2B 工业企业销售团队以项目分组较常见，在同一个团队内，主要项目情况大家都有了解，定期开展案例研究和学习讨论，能够迅速提升团队战斗力和增强团队凝聚力。

优点：以自身案例作为培训素材，感受深、提高快。

缺点：仅限一个小团队分享，容易"见木不见林"。

第十三章 成长线：销售人员成长与队伍建设

教学相长法

笔者在 B2B 工业企业销售实践中体会到：有心的销售人员在经过初步的培训后，进入一线走访，在与大量终端客户和经销商沟通交流后，业务能力会有较大幅度的提升。一方面，他们更加清晰地认识到了用户需求和产品价值；另一方面，他们会本能地将基础培训和自我观察所获得的关于企业、产品、市场等信息融合进自己对产品优势、对满足用户需求的理解中，从而形成一整套自己的"销售逻辑"，并随着时间的推移，不断精炼，使之成为自己闯荡市场江湖的"屠龙刀"和"倚天剑"。

优点：用实战之火锤炼出的真金，有战斗力，能迅速提升成绩。

缺点：可能使部分销售人员产生挫败感，打击其信心。

树立内部标杆，明确绩效考核

B2B 工业企业未来发展方向是什么，中期市场规划如何，近期采取什么策略，销售人员应该怎么做，等等，阐明这些问题需要的不仅仅是引导，更需要监督和考核——"想要什么样的结果，就要考核什么"——树立榜样和标杆，明确绩效考核指标和方法是最有效的培训方法。销售团队负责人可以根据阶段性的考核结果组织有针对性的面谈，就具体考核点的成长和提升给予指导和培训。

优点：因涉及自身利益，一般培训效果好，便于督促销售人员坚决支持公司市场战略。

缺点：系统规划和设计难度大，对管理能力要求高。

自我修炼法

自我修炼法是所有 top sales 成长的必由之路。

至今还有大量的 B2B 工业企业销售人员认为 B2B 工业企业销售就是"拉关系"，诚然，在 B2B 工业企业销售领域，"关系"是至关重要的资源，但相比于 10 年前，关系的内涵已经悄然改变——"关系"意味着好的产品品质、企业品牌、销售商誉，意味着各方共赢的合作模式，而不仅仅是个人利益的简单变现。正因为如此，自我修炼是每一个致力于从事 B2B 工业企业营销工作的销售人员的必然选择。

作为 B2B 工业企业营销团队的管理者，可以结合企业市场发展阶段和具体形势，有计划地推荐适合的书或视频给具体的销售人员（在具体实施中，可以采取企业付费，员工自学，主管领导辅导等形式），帮助他们正确认识问题，有针对性地解决问题，实现企业发展和员工成长的双赢。

优点：针对性强、成本低、可制度化运作。

缺点：只对善于自学和自省的销售人员有效。

上述 6 种培训方法组织简单、成本低廉、效果突出，尤其适合 B2B 工业企业使用。

B2B 工业企业销售人员培训三步法

强化销售和渠道力量，是贡献业绩增长额的重要途径之一，除了硬件装备的不断提升，加强培训和"软实力"提升是实现强化销售力量的主要途径。结合多年的 B2B 工业企业销售培训实践，笔者认为 B2B 工业企业

第十三章 成长线：销售人员成长与队伍建设

可依照"准备、实施、跟进"3个步骤来组织和实施销售团队培训。

准备

毫不夸张地说，对企业内部销售培训来讲，准备工作做得如何就已经决定了此次培训的效果。为什么这么讲呢？笔者在销售培训实施过程中发现：B2B工业企业销售人员大多更看重眼前实效，对着眼于长期素养形成的培训往往嗤之以鼻。所以，B2B工业企业如何策划和定义培训内容，是决定销售培训效果的根本性因素。如果培训由公司市场部策划和组织，就更好了。表13-14是B2B工业企业销售人员培训前的准备工作，销售部可以根据该表布置会场、准备资料和培训工具，确保培训目标的达成。

表13-14　B2B工业企业销售人员培训前的准备工作

时间节点	工作内容与要求	负责人	备注
培训前20天	搜集资料，设计有针对性的教材		教程+样品（或案例）
培训前10天	发出通知，告知时间、地点、培训流程等		邮件、电话、短信等
培训前5天	1.再次与培训师沟通确定培训内容和目标 2.设计和制作学员培训效果评估表		流程确定并设计切实可行的考核机制
培训前3天	1.准备学员文具 2.制作横幅、展架等宣传品 3.落实培训师行程安排		详见表3-17"培训前需要准备的物品清单"
培训前1天	布置会场、调试设备、摆放文具		

实施

具体到培训实施阶段，培训组织者的主要职责是做好组织工作，控制好节奏，并调节好培训的气氛和议题的导向，确保既定的培训内容保质保量完成。示例请看表13-15。

表 13-15　B2B工业企业销售人员培训实施阶段工作

培训时间	工作内容与要求	备 注
9：00—9：30	和老师沟通，连接好培训设备，以及其他准备工作	其间安排人手做好拍照、录像等工作
9：30—10：30	讲课与互动（1小时）	
10：30—10：45	茶歇休息（15分钟）	
10：45—11：45	讲课与互动（1小时）	
11：45—13：20	午餐、休息	
13：20—14：20	讲课与互动（1小时）	
14：20—14：35	茶歇休息（15分钟）	
14：35—15：35	讲课与互动（1小时）	
15：35—15：50	茶歇休息（15分钟）	
15：50—16：40	互动提问和填写"培训效果评估表"（50分钟）	
备 注		

跟进

培训效果跟进是B2B工业企业销售培训非常重要的环节，但在实际操作过程中，往往因为销售人员的配合度低而被忽视，或者被迫走了形式。培训组织者要知道如何做，为什么要做，以及要做出什么效果，站在公司和销售团队的立场上考量，做有价值的事，绝不能走形式。

表13-16和表13-17分别为B2B工业企业销售人员培训跟进阶段工作列表以及培训前需要准备的物品清单，供B2B工业企业参考。

表 13-16　B2B工业企业销售人员培训跟进阶段工作

跟踪时间点	具体做法示例	执行人
培训后7天内	1.提交"培训评估和总结报告" 2.听取公司领导对培训的意见和建议	
培训后两周内	汇总精彩照片及相关资料，出简报	

第十三章 成长线：销售人员成长与队伍建设

表 13-17 培训前需要准备的物品清单

类　别	名　称	备　注
教具用品	投影仪、电脑、录音笔、摄像机、相机、黑板、写字笔、板擦、接线板	
场景布置	背景墙、条幅、挂图、实物、易拉宝、桌椅、麦克风、插座、音响等	
培训文件	教材、案例、白纸、笔记本、资料袋、黑色水笔	
茶　点	小点心、茶水、饮用水、咖啡、湿纸巾、音乐、装饰花草	
其　他	签到表、反馈表、调查问卷等等	

课前调研问卷参考模板工具表

本次调研的目的是希望了解贵公司营销团队在工作中遇到的实际问题，收集工作中的实际难题和案例，便于老师更好地设计培训内容。希望您就目前的状况真实地填写本需求调查表。

表 13-18 课前调研问卷

姓　名	部门职务	学　历	工作年限	年　龄

一、基础情况调查	
1	营销团队所面对的主要目标客户群体是谁？请列举几个主要客户名称？
2	在营销团队日常销售工作中，常规的销售流程如何进行？走招投标的一般占多大比例？
3	营销团队认为今年的销售目标制定是否合理？达成目标最大的问题可能有哪些？

续表

4	您认为：我们产品的优势是什么？营销团队销售业绩提升的难处主要有哪3点？
5	营销团队在销售过程中，主要会遇到哪些竞争对手？他们的优势是什么？劣势是什么？客户为什么要买我们的？您如何评价人脉在销售中的作用？
6	公司数字化营销工作现状如何？您认为工业企业数字化营销工作的价值主要体现在哪些方面？
7	您了解其他工业企业数字化营销工作的状况吗？您认为有哪些最佳实践可供我们参考？
8	您想通过此次培训解决哪些具体问题？

二、培训期望

三、描述一个具体的希望老师课堂上解决的案例或问题

表13-19 培训效果反馈表

整体印象	你对本次课程的整体评价如何？			
分项评价	培训组织	课件水平	老师讲解	内容实用性	参与程度

备注：请将上述每项都采用10分制来打分，谢谢。

评价模块	评价培训	评分			
培训内容	1.培训内容实用性强，对我启发帮助很大	3	2	1	0
	2.培训内容难度适中，我接受起来没困难	3	2	1	0
	3.培训内容非常全面，比较符合我的期待	3	2	1	0

第十三章 成长线：销售人员成长与队伍建设

续 表

培训老师	1.培训老师服务态度诚恳，辅导积极耐心	3	2	1	0
	2.培训老师专业能力突出，问题剖析到位	3	2	1	0
	3.培训老师进度把握到位，培训进展顺利	3	2	1	0
授课细节	1.培训授课速度适中，我能够跟上进度	3	2	1	0
	2.培训过程轻松愉快，有深度能激发思考	3	2	1	0
	3.培训授课方法得当，能有效把握学员需求	3	2	1	0

评分标准：3=完全赞同；2=基本赞同；1=不好说；0=反对

意见/建议	1.此次培训你最大的3点收益和感悟是什么？还有哪些疑问？ 2.如果有后续课程，你最希望提高的主题和模块有哪些？（可直接打钩选择） □成长型企业如何打造强势品牌 □成长型企业业绩可持续增长路线图 □B2B工业企业大客户关系建立、维护与升级策略 □B2B工业企业数字化营销实战攻略 □B2B工业企业新媒体营销实战攻略 □B2B工业企业辖区市场分析与营销策略 □B2B工业企业顾问式销售七步法实战 □金牌销售业绩持续增长的9个黄金法则 □其他_____ 3.请填写您对课程和培训老师的三条宝贵意见和建议。

花钱培训的员工，跳槽怎么办？

上次在郑州说起 B2B 工业企业专业培训，一位培训机构的负责人毛总讲了一个故事：

有一次受邀组织几位专家去江苏泰兴一家传统制造企业做考察和研

讨，这位企业老总非常健谈——本来是请了专家帮他的企业进行诊断和研讨，结果变成了他给专家们讲课，整整一上午的时间就这么过去了。吃罢午饭，好不容易能让专家们插上话，感觉他似乎又有点不耐烦，有点敷衍，一下午的时间又悄无声息地过去了……

其间，毛总提到对团队员工进行培训，这位老总说以前也曾做过很多员工培训：让员工走出去上公开课，把专家老师请进来做定制化的内训课，结果受训员工却常常跳槽，让企业投入的培训费打了水漂，后来对培训就卡得严了。

B2B 工业企业在发展与壮大的过程中，骨干团队的建立和不断强化是必由之路，除了通过老板耳提面命的调教和在工作实践中不断积累经验，能够借助外部培训，学习专业理论和他人优秀经验是快速成长的不二法门。但对 B2B 工业企业来讲，就需要投入一定的人力物力财力，正如上面老总所担心的：花钱培训的员工，跳槽怎么办？

为此，笔者专门请教过几家分别在上海、北京、广州的 B2B 工业企业老板：您花钱培训的员工，他们跳槽怎么办？

企业家们坦言：跳槽纯属正常，这种情况并不鲜见，但该培训还是得培训，这是企业成长必要的投入。

不过企业家们也有比较一致的建议：企业资源有限，培训费用的投入会大幅向骨干员工倾斜；只有培训目标明确，对培训所取得的成果才能更加有把握；对骨干团队进行培训，要理解为对企业未来进行的投资。

从 B2B 工业企业的成长路径来看，如果没有一支忠诚于事业、作风扎实的骨干团队做基础，要实现公司行稳致远、可持续发展的目标就成了空

第十三章 成长线：销售人员成长与队伍建设

中楼阁，老板养着全公司或者"老板＋一群助理"的模式，会成为B2B工业企业发展壮大最大的拦路虎。

B2B工业企业销售人员离职的六大原因剖析和应对策略

销售人员的选用预留问题是B2B工业企业老板的一大难题：（1）好销售人员太难招了；（2）B2B工业企业的销售人员该如何来培养？（3）时间长了，销售人员成了职场"老油条"，怎么办？（4）重要市场的销售人员要求离职，怎么办？

今天，我们以终为始，着重从B2B工业企业销售人员为什么离职来分析选对和用好销售的策略和方法。马云曾经精辟地总结：员工离职只有两个原因——钱给少了，心受委屈了。那么在B2B工业企业，我们该如何来理解和操作呢？

参照资深HR的建议，我们先从B2B工业企业销售人员离职的时间点上来做原因分析，如表13-20所示。

表13-20　工业企业销售人员离职的时间点与原因分析

离职时间点	主要原因
2周内离职	与HR或老板的入职沟通有关
3个月内离职	与不能适应工作和工作内容本身有关
6个月内离职	与直接上级有关
2年左右离职	与企业文化有关
3～5年离职	与晋升空间受限有关
5年以上离职	与厌倦和个人与企业进步速度不平衡有关

2周内离职

B2B工业企业销售新人2周内迅速离职，往往与公司老板、HR前期的入职沟通、培训和安排有关。

或许是因为公司着急用人和为了增强吸引力，把公司状况描述得过于理想，也或许是因为销售新人缺乏经验或急于入职，把公司状况想象得过于美好，总之，结果就是新人入职后所感知到的实际情况与预期差距过大，所以迅速离职。

针对这种情况，工业企业应该如何应对呢？

对策一：前期沟通要实事求是。在前期与销售候选人沟通时，不要刻意渲染公司的状况和前景，让候选人产生过于理想的预期，也不要刻意隐瞒公司的一些不足和短板，尽量使其了解公司的客观情况，为建立长期关系打好基础。

对策二：入职流程清晰流畅。对确定人选、通知入职及入职后的培训（公司制度与文化、产品和技术知识、销售工作流程和基本技能等）、工作交接等，做出明确的安排和介绍，让销售新人能够迅速掌握适应工作所需的资讯，快速进入状态，融入公司团队。

3个月内离职

入职3个月内离职，主要与工作本身有关。

这里讲的是主动离职，这说明我们在岗位设置、工作职责、任职资格、面试标准方面存在某些问题，需要认真审查是哪方面的原因，以便及时补救，降低在招聘环节的无效劳动。

第十三章 成长线：销售人员成长与队伍建设

对策：复盘员工不能适应工作环境和工作内容的原因，并予以改善。

6个月内离职

员工在6个月内离职，往往与自己的直属上级有直接关系。

B2B工业企业销售经理往往是从优秀的销售工程师升职而来，从top sales到销售团队管理者的角色转变至关重要。作为管理者，要学会给团队成员搭建舞台，让其发挥所长并乐在其中。在平时的工作中，要多关心下属，了解下属的需求、目标和理想，激发下属工作的积极性，彼此尊重，愉快合作。

对策一：让销售团队管理者接受领导力培训，更好地完成向管理者的转变。

对策二：督促销售团队管理者在销售部门内部建立日常沟通机制，加强内部沟通和协调。

2年内离职

员工在2年内离职，往往和企业文化有关。

员工在公司2年，对企业文化、公司发展战略、与领导、同事交流的方式、人际关系，甚至性格喜好等都有了一定的了解，如果不能继续留在团队内共事，往往是因为公司文化与员工的价值观的冲突达到了一定的程度，无法调和，从而导致关系破裂，离职也就在所难免了。

对策一：借机反思公司在快速发展过程中是不是放松了对自己的要求，养成了不良习惯？

对策二：积极建立正向积极的企业文化，定期进行企业文化活动和培训，匡正风气，为企业未来走得更远夯实基础。

3～5年内离职

员工入职3年以上，选择离职往往是因为没有晋升空间。

对于高成长性的B2B工业企业销售人员来讲，3年时间已经让他不仅了解了公司内部的资源状况，而且对客户、行业市场情况也有了一定的了解，自己的能力也在认知范围内得到了很大程度的发挥，此时，如果没有更好的成长与发展空间，无法学到新的知识和技能，薪资待遇提升空间小，又没有升职空间的话，他们往往就会开始思考和规划更有挑战性的选择。

对策一：B2B工业企业要在营销组织架构设计上留有上升空间，比方说从一线员工到管理层，从管辖市场区域由小到大，等等。

对策二：从薪资结构、收益模式、学习成长机制等方面针对不同类型的骨干销售人员需求做出规划和设计，使其不断有充足的、有挑战性的成长空间。

5年以上离职

销售人员从一家从业5年以上的B2B工业企业离职的话，往往是因为员工的成长速度与企业的发展速度偏差太大。

可能是企业发展速度太慢，B2B工业企业销售人员在5年的工作中已经对公司内部资源、客户、行业市场资源都比较熟悉了，如果按部就班地工作，一眼就能看到头，难免会感到倦怠；也可能是企业发展速度快，而

第十三章　成长线：销售人员成长与队伍建设

销售人员疏于学习、停滞不前，跟不上企业发展的步伐，成了被企业淘汰的对象。

对策一：B2B 工业企业销售人员要持续学习，对事业保持热情，不忘初心、牢记使命，为公司发展做好中长期规划和不断注入新动能。

对策二：为 5 年以上资深 B2B 工业企业销售人员设计更有挑战性的目标和机制，例如内部创业等，鼓励其不断求新求变，将其个人职涯发展与公司发展紧密联系起来。

本章小结

销售团队是 B2B 工业企业的生力军，是帮助公司实现销售业绩可持续增长的中坚力量，是支撑 B2B 工业企业做强、做大、做久的中流砥柱，因此，销售团队的成长是关乎 B2B 工业企业未来发展的大事。

本章从 B2B 工业企业销售人员工作中常见的 10 个瓶颈入手，从 B2B 工业销售人员的自我管理（目标管理、时间管理、情绪管理、学习管理、健康管理）和 B2B 工业企业销售人员的"选用育留"两大维度来给出破解思路和解决方案。

通过本章的学习和研讨，我们对 B2B 工业企业销售人员的成长和队伍建设有了系统性的认知，掌握了实际的操作方法。

后　记

唯有专业，方得尊严。

自 2014 年末《工业品市场部实战全指导》正式出版，一晃 8 年过去了。

这 8 年，于我，可谓发生了天翻地覆的变化——从一名外企职业经理人到拥有了自己的公司——天津中道博雅企业管理顾问有限公司（专注于工业品牌营销咨询和培训）；从服务于一家企业的职场人到为多家成长型工业企业提供转型升级、品牌战略规划及营销相关咨询和培训服务的工业品牌营销专业工作者；从眼界局限于某家公司甚至某个部门到遍访工业企业界知名大咖和专家，并有机会与众多工业企业负责人深度切磋和长期交流……感恩这一切，让我在自己钟爱的工业品牌营销领域越玩越嗨，并且遇见更好的自己。

这 8 年，思维角度的切换、事物认知的升级、成长速度的加快，都让我始料未及，但唯有一个念想，自始至终从未改变，那就是如何通过专业的品牌营销方法和策略帮助更多工业企业实现业绩可持续增长，如何通过直接针对工业企业的陪伴式顾问服务和间接针对工业企业市场人（总经理、营销副总、市场总监、市场经理、企划经理、品牌经理等）的实战方法和

后 记

技能培训，让"以市场为导向""以客户为中心"的工业品牌营销体系顺利落地，从而让广大工业企业不必在产品同质化的泥淖中苦苦挣扎，让工业企业家不必在机会主义的惯性下迷失自我、在关系制胜的传统思维下难以自拔，让工业企业市场人不必在自我价值定位的摇摆中错失机遇，在空有梦想却难以实现的蹉跎中失意职场，让工业企业销售人员不必在KTV、酒桌上面，甚至桌子底下用宝贵的青春与尊严换取赖以养家糊口的奖金与提成……

我始终坚信：唯有专业，方得尊严。

8年前，我敢想不敢说，我怕幼稚的工科直男思维贻害企业；8年后，在亲历和比对了诸多工业企业的经营状况后，这种信念愈加坚定，且历久弥坚——优秀的工业企业都有使命感，也许它深藏于企业家的内心，但骨干团队看得到那面高扬的旗帜；优秀的工业企业都有共赢思维，从欧美跨国名企到国内强势品牌民企概莫能外；优秀的工业企业都有清晰的定位，该做什么、不该做什么思路很清楚，绝不会是机会主义的墙头草；优秀的工业企业都是以市场为导向，"以客户为中心"已内化于行动，而不是挂在墙上；优秀的工业企业都有强大的骨干团队，也许大家来自四面八方，但当下以及可见的未来，为了共同的目标，奋斗在同一条船上……

艰难困苦，玉汝于成。实现这一切，并不容易，尤其是在国际形势波云诡谲、国内改革进入深水区的当下。对工业实体企业来讲，这更是莫大的考验。需要工业企业家数十年磨一剑、历尽千难万险打造出一支同心同德的钢铁军团，步调一致向着心中那团不灭的火光前进、前进。

与梦想有关的事，何曾容易过。命运之花，从来需要血与火的淬炼，命运吻我以痛，我必还之以歌，工业企业成长之路，本质上就是企业家自我修炼的历程。相由心生，甚至可以毫不夸张地说：工业企业经营所能达到的成就，与企业家自身的格局和修为呈正相关。因此，我认为，"中道经营，博雅人生"是一条可供工业企业家参考的自我修炼路径，同时也是优秀工业企业稳健成长的优选路径。

于我而言，能与诸多工业企业家一起成长和修炼，是此生最大的荣耀与幸福。我愿以一生的光阴奉献于工业品牌营销研究与实践，与您一起践行工业企业中道博雅之路。